TABLE DES MATIÈRES

COURS MOYEN
DE GÉOGRAPHIE

1ʳᵉ DIVISION — GÉOGRAPHIE GÉNÉRALE

LA TERRE

CHAPITRE I

ÉLÉMENTS DE COSMOGRAPHIE

§ I. *Les astres*

1. La Géographie est la description de la surface de la *Terre*.

2. La Terre est un astre, aussi bien que la Lune et le Soleil. *Sa forme est ronde;* elle a 40,000 kilomètres de circonférence.

3. Les astres sont des corps célestes de forme sphérique et circulant dans l'espace. — On distingue le Soleil et les étoiles, qui sont des astres lumineux par eux-mêmes; la Terre, la Lune et les planètes, qui empruntent leur lumière au Soleil.

Le Soleil est environ treize cent mille fois plus gros que la Terre. Il produit la chaleur et la lumière qu'il nous envoie directement.

La Lune est environ cinquante fois plus petite que la Terre.

Elle brille pendant la nuit, en nous renvoyant la lumière qu'elle reçoit du Soleil.

Les planètes principales sont : *Mercure, Vénus,* la *Terre, Mars, Jupiter, Saturne, Uranus* et *Neptune.*

Les étoiles sont des astres brillants et très volumineux, comme le Soleil; mais leur grand éloignement nous les fait paraître beaucoup plus petits.

4. **Mouvements de la Terre**[1]. La Terre a deux mouvements : 1º elle *tourne* sur elle-même en vingt-quatre heures de l'ouest à l'est. Ce mouvement de *rotation* produit la succession du *jour* et de la *nuit;* — 2º elle accomplit en un an autour du Soleil un mouvement de *révolution,* qui est une des causes de la succession des *quatre saisons* de l'année.

La Lune tourne autour de la Terre, en même temps que la Terre l'entraîne autour du Soleil.

5. On représente la **Terre** par un *globe terrestre,* et les détails de sa surface par des *cartes géographiques.*

6. Le **globe terrestre** est une boule ou sphère qui représente la Terre et sur laquelle sont dessinés les différents accidents géographiques, continents, mers, etc.

7. Une **carte** est un plan représentant la surface de la Terre, ou l'une de ses parties.

8. La **mappemonde** est une carte qui représente la sphère terrestre coupée en deux demi-boules ou *hémisphères,* l'un appelé *oriental,* l'autre *occidental.*

§ II. *Points cardinaux*

9. **L'horizon** est le cercle qui, bornant notre vue, semble réunir le ciel et la terre.

10. Les quatre **points cardinaux** de l'horizon sont : le *nord,* le *sud,* l'*est* et l'*ouest.* — Ils sont opposés deux à deux et à angles droits.

L'EST, appelé aussi *orient* ou *levant,* est le côté du ciel où le soleil paraît se lever.

L'OUEST, *occident* ou *couchant,* est le côté du ciel où le soleil paraît se coucher.

Le SUD, ou *midi,* est le côté du ciel où le soleil est à l'heure de midi.

---

[1] Les deux mouvements d'une toupie tournant sur sa pointe (rotation) et décrivant un cercle (révolution), imitent le double mouvement de la Terre et des astres en général.

_Le NORD, ou *septentrion*, est le côté du ciel opposé au midi.

11. Les **points collatéraux** sont des points intermédiaires aux points cardinaux; il y en a quatre : le *nord-est*, le *nord-ouest*, le *sud-est* et le *sud-ouest*.

12. **S'orienter**, c'est reconnaître la direction de l'orient et des autres points cardinaux.

Pour s'orienter, on peut se placer de manière à avoir le côté droit tourné vers le lieu du soleil levant : alors on a l'est ou *orient* à droite, l'ouest à gauche, le nord en face et le sud derrière soi.

13. Sur une carte, il est convenu de placer le N. en haut, le S. en bas, l'E. à droite et l'O. à gauche.

§ III. *Lignes et cercles de la sphère*

14. On appelle **axe** le diamètre ou ligne imaginaire autour de laquelle la terre fait sa rotation.

15. Les **pôles** sont les deux points extrêmes de l'axe. On distingue le pôle *nord* ou *boréal*, et le pôle *sud* ou *austral*.

16. On appelle **grands cercles** de la sphère les cercles qui la partagent en deux parties égales : tels sont le méridien et l'équateur.

On appelle **petits cercles** de la sphère les cercles qui divisent sa surface en deux parties inégales : tels sont les deux tropiques et les deux cercles polaires.

Chaque cercle de la sphère se divise en 360 parties égales, qu'on appelle **degrés**; le degré se divise en 60 minutes, et la minute en 60 secondes.

La valeur du degré en kilomètres est la même pour les grands cercles (environ 111 kilomètres); mais elle varie d'un petit cercle à l'autre.

17. On appelle **méridien** tout grand cercle qui passe par les pôles. Un méridien partage la sphère en deux hémisphères, l'un *oriental*, du côté du levant; l'autre *occidental*, du côté du couchant.

Il y a une infinité de méridiens. En France, on adopte comme *premier méridien* celui qui passe par l'Observatoire de Paris. — Les Anglais ont pour premier méridien celui de *Greenwich*, près de Londres, à 2º 20' ouest de Paris, — et les Allemands celui de l'Ile-de-Fer, à 20º ouest de Paris.

18. **L'équateur** est un grand cercle qui passe à égale distance des deux pôles. — L'équateur partage la sphère

en deux parties égales : *l'hémisphère septentrional* ou boréal, du côté du nord, et *l'hémisphère méridional* ou austral, du côté du sud.

19. Les **parallèles** sont des cercles tracés sur le globe parallèlement à l'équateur. — Les principaux cercles parallèles sont les deux *tropiques* et les deux *cercles polaires*.

20. Les **tropiques** sont deux petits cercles parallèles à l'équateur, dont ils sont éloignés de 23 degrés 28 minutes. Celui du nord se nomme *tropique du Cancer,* et celui du sud, *tropique du Capricorne.*

21. Les **cercles polaires** sont deux petits cercles parallèles à l'équateur, et éloignés des pôles de 23 degrés 28 minutes. Celui du nord se nomme cercle polaire *arctique,* et celui du sud cercle polaire *antarctique.*

22. **Zones.** On appelle *zones* les divisions formées sur la sphère par les tropiques et les cercles polaires. — On compte cinq zones, qui tirent leur nom de leur climat général : la zone *torride,* ou très chaude, comprise entre les deux tropiques ; les deux zones *tempérées,* comprises entre les deux tropiques et les cercles polaires, et les deux zones *glaciales,* qui s'étendent des cercles polaires aux pôles.

§ IV. *Longitude et latitude*

23. La **longitude** d'un lieu est la distance, en degrés, du méridien de ce lieu au premier méridien.

On compte 180 degrés de longitude orientale et 180 degrés de longitude occidentale.

Les degrés de longitude sont ordinairement marqués au haut et au bas des cartes.

24. La **latitude** d'un lieu est la distance de ce lieu à l'équateur mesurée en degrés sur son méridien.

On compte 90° de latitude nord, et 90° de latitude sud. — Les degrés de latitude se marquent ordinairement à droite et à gauche des cartes.

— La *position d'un lieu* sur le globe ou sur la carte est déterminée par sa latitude et par sa longitude, c'est-à-dire par le point de rencontre du méridien et du parallèle de ce lieu.

CHAPITRE II

—

NOMENCLATURE GÉOGRAPHIQUE

Définitions générales

25. La Géographie en général comprend la **Géographie physique**, qui traite du sol et des accidents naturels ; et la **Géographie politique**, qui traite spécialement des peuples.

26. La *surface de la terre* n'est pas uniforme : elle présente un grand nombre d'accidents géographiques.

— Les accidents géographiques peuvent se classer en quatre divisions : 1° *parties de mer :* mers, golfes, détroits ; 2° *parties de terre :* continents, îles, caps ; 3° parties formant le *relief du sol :* montagnes, plateaux, plaines ; 4° *eaux continentales :* fleuves, rivières, lacs, etc.

§ I. *Parties de mer*

27. L'*Océan* est l'ensemble des eaux salées qui environnent les terres.

28. Une *mer* est une partie de l'Océan.

Ex. : la mer Méditerranée, située au sud de l'Europe ; la Manche, entre la France et l'Angleterre.

29. Un *golfe* est une partie de mer s'avançant dans les terres.

Ex. : le golfe de Gascogne, situé entre la France et l'Espagne ; le golfe de Bristol, en Angleterre.

30. Une *baie* est un petit golfe.

Ex. : le Morbihan, dans la Bretagne ; la baie *ou* golfe de Saint-Malo.

31. Une *rade* est une partie de mer plus ou moins abritée des vents, où les vaisseaux peuvent tenir à l'ancre.

Ex. : les rades de Brest, de Toulon, etc.

32. Un *port* est un endroit du rivage de la mer ou d'un fleuve propre à recevoir les vaisseaux.

Ex. : les ports de Marseille, du Havre, de Rouen.

33. Un *détroit* est un bras de mer resserré entre deux terres et qui unit deux mers ou deux parties de mer.

Ex. : le détroit de Gibraltar et le détroit de Bonifacio.

34. Un détroit s'appelle parfois *canal, manche, pas, pertuis, phare, bosphore, sund.*

Ex. : le canal Saint-Georges, la Manche d'Angleterre, le pas de Calais, le pertuis d'Antioche, le phare de Messine. Le Bosphore est le canal de Constantinople; le Sund est le détroit de Copenhague.

§ II. *Parties de terre*

35. Un *continent* est une grande étendue de terre non interrompue par la mer.

Ex. : l'Amérique.

36. Une *île* est une terre plus petite qu'un continent, entourée d'eau de tous côtés.

Ex. : la Corse et l'île de Candie, dans la Méditerranée.

37. Un *archipel* est une réunion d'îles plus ou moins nombreuses. Un petit archipel forme un *groupe d'îles.*

Ex. : l'archipel Grec, formé des îles de la Grèce.

38. Une *presqu'île,* ou *péninsule,* est une terre entourée d'eau, excepté d'un seul côté.

Ex. : la Crimée, située en Russie, dans la mer Noire; la Morée, en Grèce.

39. Un *isthme* est un terrain étroit réunissant deux terres de dimensions plus considérables.

Ex. : l'isthme de Pérécop, qui joint la Crimée à la Russie, l'isthme de Corinthe, en Grèce.

40. Un *cap* est un avancement de la côte dans la mer.

Ex. : le cap Saint-Matthieu, situé à l'ouest de la Bretagne; le cap Matapan, au sud de la Morée.

41. Une *côte* est le rivage ou le bord de la mer.

Une *grève* ou *plage* est la partie du rivage que la mer recouvre par le flux.

Une *falaise* est une côte élevée et escarpée.

§ III. *Relief du sol*

42. Une *montagne* est une élévation considérable du sol au-dessus des parties environnantes.

Ex. : le mont Blanc, situé dans la Savoie.

43. L'*altitude* d'une montagne, ou d'un point quelconque du sol, est sa hauteur au-dessus du niveau de la mer.

Ex. : l'altitude du mont Blanc est de 4.810 mètres.

44. Une *chaîne de montagnes* est un ensemble de montagnes qui se touchent par la base.

Ex. : les Alpes, à l'est de la France, et les Pyrénées, au sud.

45. Une petite montagne s'appelle *colline, butte, coteau, monticule, etc.*

Ex. : la butte Montmartre, située dans Paris ; elle a 136 mètres d'altitude.

46. Un *volcan* est généralement une montagne qui vomit par un *cratère* des tourbillons de flammes, des laves et autres matières embrasées.

Ex. : le Vésuve, volcan actif, situé en Italie ; les volcans éteints de l'Auvergne.

47. Une *plaine* est un terrain plat ou sensiblement de même niveau, qui a généralement moins de 300 mètres d'altitude.

Ex. : les plaines de la Flandre et de la Champagne.

48. Un *plateau* est une plaine élevée, plus ou moins accidentée.

Ex. : le plateau de Langres, qui a 400 mètres d'altitude, et le plateau d'Auvergne, qui en a plus de 800.

49. Une *vallée* est une plaine plus ou moins étroite où coule un cours d'eau.

Ex. : la vallée du Rhône, depuis Lyon jusqu'à la Méditerranée.

§ IV. *Eaux continentales*

50. Le *bassin d'une mer* ou *d'un fleuve* est l'ensemble des terres dont les eaux se rendent dans cette mer ou dans ce fleuve [1].

Ex. : le bassin de la Manche ; — le bassin de la Seine.

---

[1] Le bassin est dit *hydrographique*, du mot hydrographie, signifiant *description des eaux*.

Les plus grands bassins sont les bassins *océaniques*, ou de chaque océan ; ils se subdivisent en bassins *maritimes*, pour chaque mer ; en bassins *fluviaux*, pour chaque fleuve, et en bassins *de rivières* ou *de lacs*.

51. Un *versant* est une partie de bassin.

Ex. : le versant français de la Manche ; — le versant de la rive droite de la Seine.

52. Une *ligne de partage des eaux* est la séparation de deux bassins. Elle suit tantôt les crêtes des montagnes, tantôt les ondulations de la plaine.

Ex. : les monts Cévennes forment la ligne de partage des bassins du Rhône et de la Garonne. — La plaine de la Beauce fait partie de la ligne de partage entre les bassins de la Loire et de la Seine.

53. Un *fleuve* est un cours d'eau considérable qui se rend dans la mer.

Ex. : la Seine, — la Loire.

54. Une *rivière* est un cours d'eau moins considérable qu'un fleuve ; — un *ruisseau* est un cours d'eau moins considérable qu'une rivière.

55. Un *torrent* est un cours d'eau rapide et momentané, produit, dans les pays montagneux, par une pluie abondante ou par la fonte des neiges.

56. Un *affluent* est un cours d'eau qui se jette dans un autre.

Ex. : la Saône est un affluent du Rhône.

57. Un *confluent* est l'endroit où deux cours d'eau se réunissent.

Ex. : Lyon est situé au confluent de la Saône et du Rhône.

58. La *source* est l'endroit où un cours d'eau commence ; — l'*embouchure* est l'endroit où un cours d'eau se jette dans la mer ou dans un fleuve.

Ex. : la Seine a sa source dans la Côte-d'Or, et son embouchure dans la Manche.

59. Le *haut* ou l'*amont* d'un cours d'eau, en un point quelconque, est la partie située vers sa source, ou à l'opposé du courant ; — le *bas* ou l'*aval* d'un cours d'eau est la partie située vers l'embouchure ou dans le sens du courant.

60. La *rive droite* et la *rive gauche d'un cours d'eau* sont les terrains situés à la droite ou à la gauche d'une personne qui se trouverait en bateau, le visage tourné dans le sens du courant.

61. Le *lit* d'un cours d'eau est le creux du sol sur lequel il coule et où il est maintenu par les deux rives ou berges.

62. Une chute d'eau prend le nom de *cascade*, de *cataracte* ou de *rapide*.

63. Un *lac* est une étendue d'eau renfermée dans les terres.

Ex. : le lac de Genève.

Un *étang* est un petit lac.

64. Un *canal* est une rivière artificielle faite par les hommes, pour les besoins de la navigation. (Voir n° 372.)

Ex. : le canal du Midi.

Géographie politique

65. La *géographie politique* traite spécialement des *peuples*, de leur gouvernement, des villes, de l'industrie, du commerce, etc.

66. Un *peuple* ou nation est un ensemble d'hommes appartenant à un même État ou à un même pays.

Ex. : le peuple français.

67. Un *État* est un pays soumis à un même gouvernement et formant une individualité politique.

Ex. : la France, la Belgique, la Suisse sont des États.

68. Les grandes *divisions administratives* d'un État prennent le nom de *départements*, en France ; de *provinces*, en Belgique ; de *gouvernements*, en Russie ; de *comtés*, en Angleterre ; de *cantons*, en Suisse, etc.

69. La *commune* est la plus petite division administrative. — On distingue les communes *urbaines*, formées par les villes, et les communes *rurales*, formées par les bourgs, les villages et les hameaux qui en dépendent.

70. Le *gouvernement* est l'autorité souveraine qui régit un État.

71. Le gouvernement est une *monarchie*, lorsqu'il a pour chef un souverain héréditaire appelé empereur, roi, etc.

72. Le gouvernement est une *république*, lorsqu'il n'a qu'un chef temporaire appelé président.

73. Une *confédération* est un ensemble d'États associés pour la défense de leurs intérêts communs.

CHAPITRE III

—

LE GLOBE

§ I. *Divisions générales*

74. La surface du globe présente des **terres**, ou parties solides, et des **mers**, ou grandes masses d'eau salée.

75. Les terres se composent de trois *continents* et d'un grand nombre d'îles. Elles forment les cinq *parties du monde*.

76. Les **trois continents** sont : l'*Ancien Continent*, — le *Nouveau Continent*, ou l'Amérique, — et l'*Australie*.

77. Les **cinq parties du monde** sont :

L'*Europe*, l'*Asie* et l'*Afrique*, qui forment l'Ancien Continent ;

L'*Amérique*, ou le Nouveau Continent ;

L'*Océanie*, formée de l'Australie et d'un grand nombre d'îles.

78. L'**Océan** est l'ensemble des eaux salées qui couvrent les trois quarts du globe. On le divise en *cinq océans* particuliers, qui sont :

1º L'*océan Atlantique*, situé entre l'Europe, l'Afrique et l'Amérique.

2º L'*océan Pacifique* ou *grand Océan*, situé entre l'Asie et l'Amérique.

3º L'*océan Indien*, situé entre l'Afrique, l'Asie et l'Australie.

4º L'*océan Glacial du Nord*, au N. de l'Europe, de l'Asie et de l'Amérique.

5º L'*océan Glacial du Sud*, au Sud de l'Afrique et de l'Amérique.

§ II. *Superficies et populations*

79. La **superficie** de l'Europe est de 10.000.000 de kilomètres carrés, ce qui équivaut environ à 19 fois la superficie de la France.

Les terres réunies de l'Océanie égalent la superficie de l'Europe.

L'Afrique égale trois fois la superficie de l'Europe, ou 57 fois celle de la France.

L'Amérique et l'Asie égalent chacune quatre fois la superficie de l'Europe, ou 77 fois celle de la France.

80. La **population** totale du globe dépasse 1.300.000.000 d'habitants.

L'Europe compte environ 310.000.000 d'habitants.
L'Asie — 775.000.000 —
L'Afrique — 150.000.000 —
L'Amérique — 90.000.000 —
L'Océanie — 35.000.000 —

81. Races.—L'espèce humaine, considérée au point de vue de la forme et des couleurs, présente cinq variétés principales désignées sous le nom de *races*.

La *race blanche* peuple surtout l'Europe, l'Asie occidentale, l'Afrique septentrionale et l'Amérique.

La *race jaune* peuple l'Asie orientale.

La *race noire* ou nègre peuple l'Afrique centrale et une partie de l'Océanie.

La *race brune* peuple les Indes et la Malaisie.

La *race rouge* comprend les sauvages de l'Amérique.

82. Religion. — Les peuples de race blanche connaissent généralement le vrai Dieu.

Le *christianisme* domine en Europe et en Amérique ; — le *mahométisme*, dans l'Asie occidentale et l'Afrique septentrionale. — Le *judaïsme* est professé par les Juifs.

Les autres races sont généralement *païennes* : — le *bouddhisme*, ou culte de Bouddha, domine parmi les jaunes (les Chinois) ; — le *brahmanisme*, ou culte de Brahma, parmi les bruns (les Hindous) ; — et le *fétichisme*, ou culte des idoles de toute espèce, parmi les Nègres, en Afrique.

CHAPITRE IV

—

ASIE

83. L'**Asie** est la plus grande des trois divisions de l'ancien continent.

84. Bornes. L'Asie est bornée au N. par l'océan Glacial arctique ; — à l'E., par le grand Océan ; — au S., par l'océan Indien ; — à l'O., par la mer Rouge, la Méditerranée et l'Europe.

85. Contrées. — Les grandes contrées de l'Asie sont :

AU NORD

1° La *Sibérie*, ville principale Tobolsk, et le *Turkestan occidental*, ville principale Taschkend, appartenant aux Russes.

A L'EST

2° L'empire *Chinois*, capitale Péking ; villes principales Nanking, Shanghaï, Canton.
— (L'empire chinois comprend la *Chine propre*, la *Mandchourie*, la *Corée*, la *Mongolie* et le *Thibet*.)
3° L'empire du *Japon*, capitales Yédo et Myaco.

AU SUD

4° L'*Indo-Chine*, villes principales Hué et Bangkok.
— (L'Indo-Chine comprend les royaumes de *Birmanie*, capitale Mandalay ; de *Siam*, capitale Bangkok ; d'*Annam*, capitale Hué ; la *Cochinchine française*, capitale Saïgon, et l'*Indo-Chine anglaise*, ville principale Singapour.)
5° L'*Hindoustan*, villes principales Calcutta, Bombay, Madras, appartenant aux Anglais.
— (Pondichéry, Chandernagor et trois autres petites villes de l'Hindoustan appartiennent aux Français ; et Goa, aux Portugais.)

AU CENTRE

6° Le *Bélouchistan*, ville principale Kélat ;
7° L'*Afghanistan*, capitale Kaboul ;
8° Le *Turkestan*, villes principales Boukhara, Khiva.

A L'OUEST

9° Le royaume de *Perse*, capitale Téhéran, ville principale Ispahan ;

10° La *Caucasie*, ville principale Tiflis, appartenant à la Russie ;

11° La *Turquie d'Asie*, villes principales Smyrne, Damas, Jérusalem, Mossoul, Bagdad.

— (La Turquie d'Asie comprend plusieurs contrées historiques : l'*Asie Mineure*, la *Syrie*, la *Palestine*, l'*Arménie*, la *Mésopotamie* et la *Babylonie*.)

12° L'*Arabie*, villes principales : la Mecque, Mascate, Aden. — Aden appartient aux Anglais.

86. Mers. — Au N., l'océan GLACIAL ARCTIQUE ;

A l'E., le PACIFIQUE, ou grand Océan, formant la mer de *Behring*, la mer d'*Okhotsk*, la mer du *Japon*, la mer *Jaune*, la mer *Bleue* et la mer de *Chine* ;

Au S., l'océan INDIEN, formant la mer ou golfe de *Bengale*, la mer d'*Oman* et la mer *Rouge* ;

A l'O., la MÉDITERRANÉE, la mer *Noire* et la mer *Caspienne*.

87. Golfes. — Le golfe de l'*Obi*, en Sibérie ; — les golfes de *Tonkin* et de *Siam*, dans l'Indo-Chine ; — le golfe *Persique*, entre la Perse et l'Arabie.

88. Détroits. — Le détroit de *Behring*, entre l'Asie et l'Amérique ;

Le détroit de *Malacca*, entre la presqu'île de Malacca et l'île Sumatra ;

Le détroit de *Bab-el-Mandeb*, entre l'Arabie et l'Afrique.

Les *Dardanelles* et le *Bosphore*, entre l'Asie et l'Europe.

89. Iles. — Dans le grand Océan, l'île *Tarrakaï*, appartenant à la Russie ;

Les *Kouriles*, l'île *Nip-hon* et plusieurs autres *îles formant le Japon* ;

Les îles *Formose* et *Haïnan*, appartenant à la Chine.

Dans l'océan Indien, l'île *Ceylan*, aux Anglais.

90. Presqu'îles. — L'*Anatolie*, ou Asie Mineure, entre la mer Noire et la Méditerranée ;

L'*Arabie*, entre le golfe Persique et la mer Rouge ;

Le *Dékan*, ou partie méridionale de l'Hindoustan, entre les mers d'Oman et de Bengale ;

L'*Indo-Chine*, entre les mers de Bengale et de Chine.

91. Isthme. — L'isthme de *Suez* joint l'Asie à l'Afrique.

92. Caps. — Le cap *Oriental*, au N.-E. de la Sibérie;
Le cap *Romania*, au S. du Malacca;
Le cap *Comorin*, au S. du Dékan.

93. Montagnes. — Les monts *Himalaya*, au nord de l'Hindoustan;
Les monts *Altaï*, en Sibérie;
L'*Oural* et le *Caucase*, entre l'Asie et l'Europe.

94. Volcans. Il y a de nombreux volcans dans le Japon et dans le Kamtschatka.

95. Bassins maritimes. L'Asie forme quatre grands versants maritimes appartenant aux bassins de l'*océan Glacial*, du *grand Océan*, de l'*océan Indien* et de la *Méditerranée*. — L'Asie renferme, en outre, un grand *bassin central fermé*, dont les eaux ne se rendent pas dans l'Océan.

96. Fleuves. Les fleuves principaux de l'Asie sont:
1° Dans le versant de l'océan Glacial, l'*Obi*, l'*Iénisséi* et la *Léna*, en Sibérie;
2° Dans le versant du grand Océan: en Chine, l'*Amour*, le fleuve *Jaune* et le fleuve *Bleu*; — en Cochinchine, le *Mékong* ou Cambodge;
3° Dans le versant de l'océan Indien: en Hindoustan, le *Brahmapoutre*, le *Gange* et l'*Indus*; — en Turquie, l'*Euphrate* et le *Tigre*.

97. Lacs. Les lacs principaux sont: le lac *Caspien*, ou mer *Caspienne*, dans l'empire russe; — les lacs *Aral* et *Balkasch*, dans le Turkestan; — le lac *Baïkal*, dans la Sibérie.

Description générale

98. Caractères physiques : 1° L'Asie se fait remarquer par sa *grande masse* continentale, de forme carrée, et par les grandes presqu'îles qui s'en détachent.
2° Ses *côtes* sont sinueuses, découpées, accidentées, souvent montagneuses, offrant de larges embouchures de fleuves, de vastes deltas et de bonnes positions commerciales.
3° Le *relief du sol* présente un immense *plateau central*, presque aussi étendu que l'Europe, ayant de 1.000 à 3.000 mètres d'altitude moyenne et entouré de grandes chaînes de montagnes, dont la plus remarquable est l'*Himalaya*, la région des neiges. Ce plateau central renferme le grand *désert* de Gobi, et s'abaisse vers les quatre points cardinaux en pentes et en versants plus ou moins accidentés.

4° **Au** nord et à l'ouest s'étend *une grande région basse*, la plus vaste du globe, formée des plaines herbeuses ou *steppes* du Turkestan et de la Sibérie méridionale, et des marais glacés de la Sibérie boréale.

5° L'Asie est traversée par la grande *zone des déserts* sablonneux qui s'étend dans la Mongolie, le Turkestan, la Perse, l'Arabie, et se rattache au Sahara africain.

6° L'Asie renferme un *grand bassin central fermé*, c'est-à-dire dont les eaux n'arrivent pas à l'Océan et se perdent, soit dans les *lacs sans écoulement*, soit dans les sables des déserts.

99. Climat. — L'Asie a un climat *très varié*, car elle avance au N. plus loin que l'Europe, tandis qu'au S. elle atteint presque l'Équateur. Ses plaines septentrionales et ses plateaux du centre sont *froids* et peu habités ; les régions de la Chine orientale et des Indes sont *humides, chaudes* et très populeuses ; l'Asie occidentale est *plus sèche* et moins peuplée.

100. Productions. — Les productions de l'Asie sont importantes en *espèces minérales :* or, platine, pierres précieuses ; — en espèces *végétales :* riz, thé, mûrier, cotonnier, légumes ; — et en espèces *animales :* singes, tigre royal, éléphant des Indes, chameau et dromadaire d'Arabie, renne de Sibérie, chevrotain porte-musc du Thibet, ver à soie, etc.

101. Population. La *population* de l'Asie est de 775.000.000 d'habitants. Sa *superficie* est de 40.000.000 de kilom. carrés ; ce qui donne une *population relative* de 19 habitants par kil. carré.

102. Races humaines. La *race jaune* comprend les Chinois et les Japonais ; la *race brune*, les Hindous et les Indo-Chinois ; la *race blanche*, les Perses, les Turcs, les Arabes et autres peuples à l'ouest de l'Indus.

103. Religion. Les *chrétiens* sont peu nombreux en Asie. Les Arabes, les Turcs, les Perses sont *mahométans*. Les autres peuples sont *païens :* les Chinois et les Japonais professent le bouddhisme ou culte de Bouddha, et les Hindous, le brahmanisme ou culte de Brahma.

CHAPITRE V

—

AFRIQUE

104. L'Afrique est la troisième division de l'Ancien Continent. Elle se rattache à l'Asie par l'isthme de Suez.

105. Bornes. — L'Afrique est bornée au N. par la Méditerranée; à l'E., par la mer Rouge et l'océan Indien; au S. et à l'O., par l'Atlantique.

106. Contrées. — Les grandes contrées de l'Afrique sont :

Au nord. — 1° Le *Maroc*, capitale Fez, v. pr. **Maroc**;
2° L'*Algérie*, capitale Alger;
3° La *Tunisie*, capitale Tunis;
4° Le *Tripoli*, capitale Tripoli;
Au nord-est. — 5° L'*Égypte*, capitale le Caire, **villes** principales Alexandrie et Suez;
6° La *Nubie*, soumise à l'Égypte, ville princ. **Kartoum**;
7° L'*Abyssinie*, capitale Gondar;
Au centre. — 8° Le *Sahara*, ou grand désert;
9° Le *Soudan*, villes principales Timbouctou, **Kano**;
10° L'*Afrique australe*, contrée peu connue;
A l'ouest. — 11° La *Sénégambie*, ville **principale** Saint-Louis, appartenant aux Français;
12° La *Guinée septentrionale*, villes principales **Free**-town, Abomey, Coumassie;
13° La *Guinée méridionale*, ville principale Saint-Paul de Loanda, appartenant aux Portugais;
Au sud. — 14° La *Hottentotie*, contrée peu habitée;
15° La *Colonie du Cap*, capitale le Cap, **aux Anglais**;
16° La *Cafrerie*, renfermant la république d'Orange;
A l'est. — 17° Le *Mozambique*, capitale Mozambique, aux Portugais;-
18° Le *Zanguebar*, ville principale Zanzibar;
19° Le *Somaul*, contrée peu connue;
20° L'île *Madagascar*, capitale Tananarivo.

107. Mers. — A l'O., l'océan Atlantique, qui forme la *Méditerranée*;
A l'E., l'océan Indien, qui forme la *mer Rouge*.

108. Golfes. — Le golfe de la *Sidre* ou Syrte, dans

le Tripoli; — le golfe de *Guinée*, dans l'Atlantique; — et le golfe d'*Aden*, à l'entrée de la mer Rouge.

109. Détroits. — Le détroit de *Gibraltar*, entre le Maroc et l'Espagne; — le canal de *Mozambique*, à l'O. de Madagascar; — et le *Bab-el-Mandeb*, entre l'Abyssinie et l'Arabie.

110. Iles. — 1° Dans l'Atlantique, les *Açores*, les *Madère*, les îles du *Cap-Vert*, appartenant aux Portugais; — les *Canaries*, aux Espagnols; — l'île *Sainte-Hélène*, aux Anglais.

2° Dans l'océan Indien : la grande île de *Madagascar* et l'île *Socotora*, indépendantes des Européens; — l'île de la *Réunion*, aux Français; — l'île *Maurice*, aux Anglais.

111. Isthme. — L'Afrique est jointe à l'Asie par l'*isthme de Suez*, qui a 115 kilomètres de largeur et qui est traversé par un canal navigable.

112. Caps. — Le cap *Blanc*, au N. de la Tunisie; — le cap *Vert*, à l'O. de la Sénégambie; — le cap de *Bonne-Espérance*, au S. de la colonie du Cap, — et le cap *Guardafui*, à l'E. du Somaul.

113. Montagnes. — L'*Atlas*, qui traverse le Maroc, l'Algérie et la Tunisie; — les monts *Kongs*, dans la Guinée septentrionale; — les monts de l'*Abyssinie;* — les monts *Kénia* et *Kilimandjaro*, à l'O. du Zanguebar, sont les plus hauts de l'Afrique; 6.000 m. d'altitude.

114. Volcans. — Le *Piton de la Fournaise*, volcan actif, dans l'île Bourbon; — le *Pic de Ténérife*, volcan éteint, dans les îles Canaries.

115. Bassins maritimes. — L'Afrique forme trois grands versants maritimes, appartenant aux bassins de la *Méditerranée*, de l'*Atlantique* et de l'*océan Indien*.

Elle forme, en outre, le *bassin fermé du Sahara*, dont les cours d'eau, d'ailleurs peu considérables, ne communiquent pas avec l'Océan.

116. Fleuves. — Les fleuves remarquables sont :

1° Dans le versant de la Méditerranée, le *Nil*, formé du Nil-Blanc et du Nil-Bleu, et traversant le Soudan, la Nubie et l'Égypte;

2° Dans le versant de l'Atlantique, le *Sénégal* et la *Gambie*, en Sénégambie; — le *Niger* et le *Congo* ou Zaïre, en Guinée; — l'*Orange*, dans la colonie du Cap;

3° Dans le versant de l'océan Indien, le *Zambèze*, dans le Mozambique.

117. Lacs. — Les lacs *Victoria* et *Albert,* traversés par le Nil - Blanc ; — le lac *Tanganyka,* dans la haute Afrique, — et le lac *Tchad,* dans le Soudan.

Description générale

118. Caractères physiques : 1º L'Afrique se caractérise par sa grande masse continentale aux *contours arrondis,* sans profondes échancrures, *sans mers intérieures.*

2º Ses *côtes* sont généralement basses, sablonneuses., marécageuses, *malsaines, dépourvues de bons ports.*

3º Le *relief du sol* présente le *grand plateau de l'Afrique australe et centrale,* ayant de 1.000 à 2.000 mètres d'altitude moyenne, bordé de montagnes, et dont l'intérieur est peu connu.

4º Au centre de l'Afrique se trouve la *grande plaine du* Soudan, habitée par des populations nègres.

5º Le *grand désert de Sahara,* presque aussi vaste que l'Europe, est formé de *plaines* sablonneuses, sèches, arides et salées, de collines rocheuses et nues, de vallées sans eau, où se rencontrent de rares *oasis.* Les tribus arabes habitent ces oasis et y cultivent le dattier ; elles parcourent le Sahara à l'aide du dromadaire et en caravanes.

6º Le cours d'eau le plus remarquable de l'Afrique est le *Nil,* dont les débordements fertilisent l'Égypte. Ce fleuve a plus de 5.000 kilomètres, et ses sources sont alimentées par les *grands lacs* de la haute Afrique.

119. Climat. — L'Afrique a un climat *très chaud* et très sec, à cause de sa situation entre les tropiques, et de l'absence probable de mers et de hautes montagnes dans l'intérieur.

120. Productions. — Les *richesses minérales* de l'Afrique sont encore peu connues. — Les *végétaux* les plus remarquables et les plus utiles sont le baobab, le palmier, l'oranger, le dattier, le caféier, etc. — Mais ce qui distingue surtout l'Afrique, c'est la *puissance du règne animal,* dont les espèces principales sont : le singe chimpanzé et le gorille, le lion, l'hyène, l'éléphant, le rhinocéros, l'hippopotame, le dromadaire, la girafe, l'antilope, l'autruche, le crocodile, la grande sauterelle, le scorpion, etc.

121. Population. La *population* totale de l'Afrique est évaluée à 150 000.000 d'habitants. Sa *superficie* est de 30.000.000 de kilom. carrés ; ce qui lui donne une *population relative de* 5 habitants par kilom. carré.

122. Races humaines. Les Africains du nord sont des *blancs.* Les autres sont des *bruns* et des *noirs* ou nègres.

123. Religion. Le *mahométisme* et le *fétichisme* ou idolâtrie dominent en Afrique.

CHAPITRE VI

—

AMÉRIQUE

124. L'Amérique, qui est la quatrième partie du monde, forme le deuxième continent. Elle comprend deux grandes régions ou presqu'îles jointes par l'isthme de Panama.

125. Bornes. — L'Amérique est bornée, au N., par l'océan Glacial du Nord; à l'E., par l'Atlantique; au S. et à l'O., par le grand Océan.

126. Contrées. — Les grandes contrées de l'Amérique sont :

Dans l'Amérique septentrionale :

1° Le territoire d'*Alaska*, appartenant aux États-Unis ;
2° Le *Groenland*, appartenant aux Danois ;
3° Le *Canada*, ou Amérique anglaise, capitale Ottawa, villes principales Montréal et Québec ;
4° La république des *Etats-Unis*, capitale Washington ; villes principales New-York, Philadelphie, Nouvelle-Orléans, Saint-Louis, Chicago, San-Francisco ;
5° La république du *Mexique*, capitale Mexico ;
6° L'*Amérique centrale*, ville principale Guatémala ;
7° Les *Antilles*, ville princ. la Havane, dans l'île Cuba.

Dans l'Amérique méridionale :

1° La *Guyane*, villes princ. Georgetown, aux Anglais ; Paramaribo, aux Hollandais, et Cayenne, aux Français ;
2° L'empire du *Brésil*, capitale Rio-de-Janeiro ;
3° La république de *Vénézuéla*, capitale Caracas ;
4° La république de *Colombie*, capitale Bogota ;
5° La république de l'*Equateur*, capitale Quito ;
6° La république du *Pérou*, capitale Lima ;
7° La république de *Bolivie*, capitale La Paz ;
8° La république du *Chili*, capitale Santiago ;
9° La république de la *Plata*, capitale Buénos-Ayres ;

10° La république du *Paraguay*, capitale Assomption ;
11° La république de l'*Uruguay*, capitale **Montévidéo** ;
12° La *Patagonie*, contrée presque déserte.

127. Mers. — Les mers qui baignent l'Amérique sont :
Au N., l'océan Glacial arctique ou *boréal*, formant la mer ou baie de *Baffin* ;
A l'E., l'Atlantique, formant la mer d'*Hudson*, la mer du *Mexique* et la mer des *Antilles* ;
A l'O., l'océan Pacifique, formant la mer de *Behring*.

128. Golfes. — Le golfe du *Saint-Laurent*, dans l'Atlantique ; — le golfe de *Panama* et le golfe de *Californie*, dans le Pacifique.

129. Détroits. — Le détroit de *Behring*, entre l'Alaska et la Sibérie ; — le détroit de la *Floride*, entre la Floride et l'île de Cuba ; — le détroit d'*Yucatan*, entre l'Yucatan et l'île de Cuba ; — le détroit de *Magellan*, entre la Patagonie et la Terre-de-Feu.

130. Iles. — Dans l'océan Glacial, le *Groenland*, appartenant aux Danois ; — dans l'Atlantique, *Terre-Neuve*, aux Anglais ; — les *Antilles*, dont les principales sont : *Cuba* et *Porto-Rico*, aux Espagnols ; la *Jamaïque*, aux Anglais ; *Haïti*, indépendante.

Au sud, l'archipel de la *Terre-de-Feu*.

Dans l'océan Pacifique, les îles *Vancouver* et *Charlotte*, aux Anglais, — et les îles *Aléoutiennes*, aux États-Unis.

131. Presqu'îles. — Le *Labrador*, dans le Canada ; — la *Floride*, dans les États-Unis ; — le *Yucatan*, la *Vieille-Californie*, dans le Mexique, — et l'*Alaska*, à l'extrémité N.-O. de l'Amérique septentrionale.

132. Isthme. — Le plus remarquable est l'isthme de *Panama*, qui joint les deux Amériques (62 kilom. de largeur).

133. Caps. — Le cap *Farewell*, au S. du Groenland ; — le cap *Saint-Roch*, à l'E. du Brésil ; — le cap *Horn*, au S. de la Patagonie, — et le cap *Occidental*, au N.-O. de l'Alaska.

134. Montagnes. — 1° Dans l'Amérique septentrionale, les monts *Rocheux* et les *Cordillères*, qui traversent les États-Unis et le Mexique ; — les *Alléghanis*, dans l'est des États-Unis.

2° Dans l'Amérique méridionale, les *Andes*, ou *Cordil-*

lères du sud, qui traversent la Colombie, le Pérou, le Chili, etc.; — les *montagnes* de la *Guyane* et celles du *Brésil*.

135. Volcans. — Parmi les volcans, qui sont nombreux dans les Cordillères, on cite l'*Aconcagua*, dans le Chili ; — le *Chimborazo*, dans la république de l'Équateur ; — le *Popocatepetl*, dans le Mexique, — et le *Saint-Élie*, dans l'Alaska.

136. Bassins maritimes. — L'Amérique forme quatre versants principaux, appartenant aux bassins de l'*océan Glacial*, de l'*Atlantique du Nord*, de l'*Atlantique du Sud* et du *Pacifique*.

137. Fleuves. — Les principaux fleuves sont :

1° Dans le versant de l'océan Glacial, le *Mackensie*, qui arrose l'Amérique anglaise ;

2° Dans le versant de l'Atlantique du Nord, le *Saint-Laurent*, qui arrose le Canada ; — le *Mississipi* et ses affluents le *Missouri*, l'*Ohio*, l'*Arkansas* et la *Rivière-Rouge*, dans les États-Unis ; — le *Rio-del-Norte*, qui sépare le Mexique des États-Unis ;

3° Dans le versant de l'Atlantique du Sud, l'*Orénoque*, qui arrose le Vénézuéla ; — l'*Amazone* et le *San-Francisco*, dans le Brésil ; — la *Plata* et ses affluents le *Paraguay* et l'*Uruguay*, dans les républiques de mêmes noms ;

4° Dans le versant du Pacifique, le *Colorado* et l'*Orégon*, qui arrosent les États-Unis.

138. Lacs. — On remarque, dans l'Amérique anglaise, les lacs du *Grand-Ours* et de l'*Esclave* ; — dans le Canada, les grands lacs *Supérieur, Michigan, Huron, Érié et Ontario*, qui s'écoulent par le fleuve Saint-Laurent ; — dans l'Amérique centrale, le lac *Nicaragua*, — et dans le Pérou, le lac *Titicaca*.

Description générale

139. Caractères physiques : 1° L'Amérique se caractérise par sa *forme allongée, s'avançant vers les deux pôles* plus que l'Ancien Continent : elle a près de 15.000 kilomètres de longueur, mais sa largeur varie beaucoup ;

2° Par sa *division en deux masses continentales*, dont la plus septentrionale est échancrée comme l'Asie ou l'Europe, et la plus méridionale arrondie comme l'Afrique.

3° Les *côtes* sont montagneuses à l'ouest, basses à l'est, et offrent d'excellents ports de commerce.

4° Le *relief du sol* présente la *chaîne des Cordillères, la plus longue du globe*, bordant toute la côte occidentale, élevée en moyenne de 2.000 à 4.000 mètres, et renfermant de hauts *plateaux* et de *nombreux volcans actifs*.

5° Au centre et à l'est s'étendent de *vastes plaines humides et plantureuses*, appelées *prairies* ou *savanes* dans l'Amérique du Nord, — *llanos, pampas* et *selvas* dans l'Amérique du Sud.

6° Les *fleuves américains*, le Mississipi, l'Amazone, sont *les plus remarquables* du globe par leur longueur, l'étendue de leurs bassins et la masse d'eau qu'ils transportent. — Les *grands lacs* du Canada ressemblent à des mers d'eau douce.

7° Vers le pôle nord s'étend une immense *région* formée d'îles et d'archipels couverts de *glaciers* et de *neiges*, et dont l'accès est très difficile à la navigation.

140. Climat. — Le climat américain est *varié*, généralement plus *humide* et *moins chaud* que celui des parties de l'Europe et de l'Afrique situées dans les mêmes latitudes.

141. Productions. — Les productions naturelles de l'Amérique sont importantes par les *minéraux*, tels que houille, pétrole, or, argent, — et par la *puissance du règne végétal*, comme prairies, forêts, pins, acajou, cotonnier, cacaoyer, aloès, cactus, etc. — Parmi les *espèces animales*, qui sont moins importantes que les minéraux et les végétaux, on doit citer les singes à queue prenante, le jaguar, le castor du Canada, le lama du Pérou, le condor des Andes, le vampire, les oiseaux-mouches, le caïman, le boa, et la cochenille du cactus.

142. Population. La *population* de l'Amérique est de 90.000.000 d'habitants. — La *superficie* est de 40.000.000 de kilom. carré ; ce qui donne une *population relative* de 2 habitants par kilom. carré.

143. Races humaines. La nouvelle population américaine est principalement formée de *blancs*, originaires d'Europe ; on y rencontre aussi quelques millions de *rouges* ou Indiens indigènes, et de *nègres*, originaires d'Afrique.

144. Religion. La religion dominante est le *catholicisme*, excepté dans les États-Unis, peuplés surtout d'Anglais et d'Allemands *protestants*.

CHAPITRE VII

—

OCÉANIE

145. L'Océanie est la cinquième partie du monde. Elle se compose d'un petit continent, l'*Australie*, et d'une multitude d'îles et d'archipels répandus surtout dans le grand Océan.

146. Bornes. — L'Océanie s'étend à l'O. jusque vers l'Asie et l'océan Indien ; à l'E., jusque vers l'Amérique ; au S., jusqu'au pôle austral.

147. Divisions et villes. — L'Océanie comprend trois grandes divisions :

1º L'*Australie*, ou le Continent, appartenant aux Anglais ; villes principales Sydney et Melbourne.

2º La *Malaisie*, villes principales Batavia, dans l'île Java, aux Hollandais, — et Manille, dans l'île Luçon, aux Espagnols ;

3º La *Polynésie*, qui se subdivise en *Micronésie* au N.-O., *Mélanésie* au S.-O., et *Polynésie* proprement dite à l'E.

148. Mers. — On remarque la mer de *Chine*, la mer de *Corail* et la mer de la *Nouvelle-Zélande*.

149. Golfes. — Le plus remarquable est le golfe de *Carpentarie*, au nord de l'Australie.

150. Détroits. — Le détroit de la *Sonde*, entre Sumatra et Java ; — le détroit de *Torrès*, entre l'Australie et la Nouvelle-Guinée ; — le détroit de *Bass*, entre la Tasmanie et l'Australie.

151. Iles et archipels. — On remarque :

1º Dans la Malaisie, les îles *Philippines*, aux Espagnols ; *Bornéo*, *Célèbes*, et les îles de la Sonde ; *Sumatra* et *Java*, aux Hollandais ;

2º Dans la Polynésie mélanésienne, la *Nouvelle-Guinée*, la *Nouvelle-Calédonie*, aux Français, et la *Nouvelle-Zélande*, aux Anglais ;

3º Dans la Polynésie propre, les îles *Fidji*, aux Anglais ; *Taïti* et *Marquises*, aux Français, et les îles *Havaï* ou Sandwick, indépendantes.

152. Montagnes. — Les montagnes *Bleues*, dans l'Australie. — Les *volcans* sont nombreux dans les îles Malaises, qui sont très montagneuses.

153. Le **fleuve** principal de l'Océanie est le *Murray*, dans l'Australie.

Description générale

154. Caractères physiques : 1° L'Océanie se caractérise, comme son nom l'indique, par la *dispersion de ses terres* au milieu de l'Océan.

2° L'Australie, qui est la plus petite des masses continentales, a une *forme arrondie*, des contours peu sinueux, un *relief peu élevé* et renferme de grands *déserts*.

3° Les *grandes îles* de la Malaisie sont hautes, volcaniques, fertiles et riches en mines. — Les petites îles de la Polynésie sont généralement *basses*, d'origine corallaire ou **madréporique**.

4° Les *terres antarctiques* ou australes forment peut-être un continent ; mais, *enveloppées de glaces* et de brumes, elles sont peu accessibles et *inhabitables*.

155. Climat. — Le climat de l'Océanie est généralement *tempéré et humide*, à cause des brises de la mer, qui viennent constamment rafraîchir les terres.

156. Productions. — Les productions naturelles sont les mêmes dans la Malaisie que dans les Indes asiatiques : on cite comme espèces propres l'orang-outang de Bornéo et de Sumatra, le muscadier et le giroflier des Moluques. — L'Australie est riche en *mines* d'or, de cuivre et de houille, et possède des espèces végétales et animales particulières : araucaria, lin de la Nouvelle-Zélande, — kanguroo, ornithorhynque, oiseaux de paradis, aptérix ou oiseau sans ailes, etc.

157. Population. La *population* de l'Océanie est d'environ 35.000.000 d'habitants. — La *superficie* est d'environ 10.000.000 de kilom. carrés ; ce qui donne une *population relative* de 3 habitants par kilom. carré.

158. Races humaines. L'Océanie est peuplée par la *race brune*, surtout dans la Malaisie. L'Australie a des *noirs* indigènes et sauvages, et une nouvelle population coloniale qui se compose de *blancs* venus d'Europe.

159. Religion. Les Malais sont généralement *mahométans*, les noirs sont *païens* et les blancs sont *chrétiens*.

CHAPITRE VIII

—

EUROPE

SECTION I. — EUROPE PHYSIQUE

§ I. *Contrées*

160. L'Europe est la plus petite des trois divisions de l'Ancien Continent et des cinq parties du monde.

161. Bornes. — L'Europe est bornée au N. par l'océan Glacial boréal; — à l'E., par l'Asie (ou par les monts Ourals, le fleuve Oural et la mer Caspienne); — au S., par le Caucase, la mer Noire et la Méditerranée; — à l'O., par l'océan Atlantique.

162. Division générale. — L'Europe peut se diviser en **16 contrées** principales, savoir :

Quatre à l'ouest, la *France*, les *îles Britanniques*, la *Belgique* et les *Pays-Bas* ou Hollande;

Trois au centre, l'*Allemagne*, l'*Autriche* et la *Suisse*;

Quatre au nord, le *Danemark*, la *Suède*, la *Norwège* et la *Russie*;

Cinq au sud, le *Portugal*, l'*Espagne*, l'*Italie*, la *Turquie* et la *Grèce*.

§ II. *Parties de mer*

163. Mers. — L'Europe est baignée par deux océans et une grande mer intérieure : l'*océan Glacial boréal*, l'*océan Atlantique* et la mer *Méditerranée*.

1° L'océan GLACIAL BORÉAL forme la mer *Blanche*.

2° L'océan ATLANTIQUE forme la mer *Baltique*, la

mer du *Nord*, la mer d'*Irlande*, la *Manche* et la mer de *France*, appelée aussi golfe de *Gascogne*.

3° La mer MÉDITERRANÉE forme la mer de *Toscane* (ou Tyrrhénienne), la mer *Adriatique*, la mer *Ionienne*, l'*Archipel* (ou mer Égée), la mer de *Marmara*, la mer *Noire* et la mer d'*Azov*.

4° La mer CASPIENNE est considérée comme une mer isolée; c'est le plus grand lac du globe.

164. **Golfes.** — 1° Dans la Baltique, le golfe de *Bothnie*, entre la Suède et la Russie; les golfes de *Finlande* et de *Riga*, en Russie.

2° Dans la mer du Nord, le *Zuiderzée*, dans les Pays-Bas.

3° Dans l'Atlantique, le golfe de *Gascogne*, entre la France et l'Espagne.

4° Dans la Méditerranée, le golfe du *Lion*, en France; — les golfes de *Gênes*, de *Tarente* et de *Venise*, en Italie; — le golfe de *Lépante*, en Grèce; — et le golfe de *Salonique*, en Turquie.

165. **Détroits.** — 1° Dans l'océan Glacial, le détroit de *Waigatz*, entre la Russie et l'île Waigatz; le détroit de *Kara*, entre la Nouvelle-Zemble et l'île Waigatz.

2° Dans l'Atlantique et ses dépendances, le *Skager-Rack*, le *Cattégat* et le *Sund*, entre le Danemark, la Norwège et la Suède; le *Grand-Belt* et le *Petit-Belt*, dans l'archipel danois;

Le *Pas de Calais*, entre la France et l'Angleterre (27 kilom. de largeur); — le canal *Saint-Georges* et le canal *du Nord*, entre l'Angleterre et l'Irlande.

3° Dans la Méditerranée et ses dépendances, le détroit de *Gibraltar*, entre l'Espagne et l'Afrique;

Le détroit de *Bonifacio*, entre la Corse et la Sardaigne; — le *Phare de Messine*, entre l'Italie et la Sicile; — le canal d'*Otrante*, entre l'Italie et la Turquie;

Les *Dardanelles*, ou détroit de Gallipoli, et le *Bosphore*, ou canal de Constantinople, entre la Turquie d'Europe et la Turquie d'Asie; — enfin le détroit d'*Iénikalé* ou de Kertch, entre la Crimée et la Caucasie.

§ III. *Parties de terre*

166. **Iles et archipels.** — 1° Dans l'océan Glacial,

la *Nouvelle-Zemble* et l'île *Waigatz* (inhabitées), appartenant à la Russie; — les îles *Loffoden*, à la Norwége.

2° Dans la mer Baltique, les îles *Seeland*, *Fionie*, et autres îles de l'*archipel Danois*; — les îles *Oland* et *Gotland*, à la Suède; — les îles *Oesel*, *Dago* et *Aland*, à la Russie.

3° Dans l'Atlantique, l'*Islande* et les îles *Féroé*, au Danemark;

L'archipel des *îles Britanniques* comprenant la *Grande-Bretagne*, l'*Irlande*, les *Hébrides*, les *Orcades* et les *Shetland*.

4° Dans la Manche, les îles *Jersey*, *Guernesey* et *Aurigny*, à l'Angleterre.

5° Les îles côtières de la France sont *Belle-Ile*, *Noirmoutier*, l'île d'*Yeu*, les îles de *Ré* et d'*Oleron*.

6° Dans la Méditerranée occidentale, les îles *Baléares*, à l'Espagne; — la *Corse* et les îles d'*Hyères*, à la France; — la *Sardaigne*, la *Sicile*, les îles *Lipari* et l'île d'*Elbe*, à l'Italie.

7° Dans la Méditerranée orientale, l'île de *Malte*, à l'Angleterre; — les îles *Ioniennes*, les *Cyclades* et *Négrepont*, à la Grèce; — l'île de *Candie* et les îles du N. de l'*Archipel*, à la Turquie.

167. Presqu'îles. — On cite ordinairement en Europe trois grandes presqu'îles et trois petites.

Les trois grandes presqu'îles de l'Europe sont : la péninsule *scandinave*, comprenant la Suède, la Norwège et la Laponie; la péninsule *hispanique*, comprenant l'Espagne et le Portugal; la péninsule *italique*.

Les trois petites presqu'îles sont : le *Jutland*, en Danemark; la *Morée*, au sud de la Grèce, dans la Méditerranée; la *Crimée*, au sud de la Russie, entre la mer Noire et la mer d'Azov.

168. Isthmes. — On ne compte en Europe que deux isthmes remarquables par leur peu de largeur : celui de *Corinthe* (6 kil.), qui joint la Morée au continent, et celui de *Pérécop* (8 kil.), qui unit la Crimée à la Russie.

169. Caps. — 1° Dans l'océan Glacial, le cap *Nord*, en Laponie.

2° Dans l'Atlantique et ses dépendances, les caps *Lindesnees*, en Norwège; *Falsterbo*, en Suède, et *Skagen*, en Jutland;

Les caps *Dunkansby*, en Écosse; *Landsend*, en Angleterre; *Clear*, en Irlande;

Les caps de la *Hague* et *Saint-Matthieu*, en France; — le cap *Finisterre*, en Espagne; — le cap *Saint-Vincent*, en Portugal.

3° Dans la Méditerranée et ses dépendances, le cap *Creus*, en Espagne; — les caps *Spartivento* et *Leuca*, en Italie, — et le cap *Matapan*, en Morée.

§ IV. *Orographie*

170. Montagnes. — Les principales *chatnes de montagnes* de l'Europe sont :

1° DANS L'EUROPE CENTRO-MÉRIDIONALE

Les *Alpes*, entre la France, l'Italie, la Suisse et l'Autriche;

Le *Jura*, entre la France et la Suisse;

Les *Cévennes* et les *Vosges*, en France;

Les *Carpathes*, en Autriche;

Les *Balkans*, en Turquie;

Les *Apennins*, en Italie.

2° AU SUD-OUEST

Les *Pyrénées*, entre la France et l'Espagne.

3° AU NORD

Les monts *Scandinaves* ou Dofrines, en Norwège et en Suède.

4° A L'EST

L'*Oural* et le *Caucase*, entre la Russie et l'Asie.

171. Volcans. — Les volcans les plus remarquables de l'Europe sont : le *Vésuve*, près de Naples; — l'*Etna*, en Sicile, — et l'*Hécla*, en Islande.

172. Plaines. — Les grandes plaines de l'Europe sont : la Russie, qui est une des plus vastes plaines du monde; — les plaines de la Suède méridionale, de l'Allemagne septentrionale, des Pays-Bas hollandais et danois, de la Belgique et de la France occidentale; — les plaines isolées de la Hongrie et du Pô.

§ V. *Hydrographie*

173. Bassins maritimes. — L'Europe peut se diviser en

sept grands bassins ou *versants* maritimes, savoir : le versant de l'*océan Glacial*, le bassin de la mer *Baltique*, le bassin de la mer du *Nord*, le versant propre de l'*Atlantique*, le versant de la mer *Méditerranée*, le versant de la mer *Noire* et le versant de la mer *Caspienne*.

Chacune de ces divisions hydrographiques est circonscrite par une ligne de partage des eaux.

174. Versants généraux. — On considère souvent en Europe deux grands versants généraux : le VERSANT du NORD et de l'OUEST, dépendant des bassins de l'océan Glacial et de l'Atlantique, et le VERSANT du SUD et de l'EST, dépendant des bassins de la Méditerranée, de la mer Noire et de la mer Caspienne.

175. La ligne de partage des deux grands versants européens part du détroit de Waigatz, longe l'*Oural* septentrional, puis redescend et parcourt en RUSSIE plus de 2.500 kilomètres de *plaines* ou de *plateaux bas*, ayant à peine 150 mètres d'altitude moyenne, et 350 mètres d'altitude maximum au plateau de *Valdaï*.

Après avoir traversé la *plaine marécageuse* de la Pologne ou du Pripet, la ligne de partage entre en AUTRICHE, rencontre les *Carpathes*, suit le plateau de *Moravie*, les monts de *Bohême*; puis elle entre en ALLEMAGNE, suit la *Forêt-Noire*; en SUISSE, elle s'élève à plus de 4.000ᵐ sur les hautes *Alpes*, et redescend au N. du lac de Genève.

En FRANCE, la ligne de partage suit le *Jura*, les *Vosges* méridionales, traverse le plateau de *Langres*, la *Côte-d'Or*, les *Cévennes*; puis elle descend au col de Naurouze, où passe le canal du Midi, et remonte bientôt à plus de 3.000ᵐ dans les *Pyrénées*, dont elle longe la crête jusqu'aux sources de l'Èbre.

En ESPAGNE, elle suit les monts *Ibériens*, traverse les hauts plateaux de la *Castille*, et remonte la *Sierra-Névada*, pour descendre enfin vers Gibraltar au niveau de la mer.

176. Cours d'eau. — 1° Dans le versant de l'OCÉAN GLACIAL : la *Petschora* et la *Dwina*, au nord de la Russie.

2° Dans le bassin de la BALTIQUE : la *Dal* et la *Tornéa*, en Suède; — le *Niémen*, en Russie; — la *Vistule*, en Pologne, — et l'*Oder*, en Prusse.

3° Dans le bassin de la MER DU NORD : le *Glommen*, en Norwège; — la *Gotha*, en Suède; — l'*Elbe* et le *Weser*, en Allemagne; — le *Rhin*, en Suisse, en Allemagne et dans les Pays-Bas; — la *Meuse* et l'*Escaut*, en France, en Belgique et dans les Pays-Bas; — la *Tamise* et l'*Humber*, en Angleterre.

4° Dans le versant propre de l'ATLANTIQUE : le *Shannon*, en Irlande, et la *Severn*, en Angleterre; — la *Seine*, la *Loire* et la *Garonne*, en France; — le *Douro*, le *Tage*.

la *Guadiana* et le *Guadalquivir*, dans la péninsule hispanique.

5° Dans le versant de la MÉDITERRANÉE : l'* Èbre*, en Espagne ; — le *Rhône*, en France ; — l'*Arno*, le *Tibre* et le *Pô*, en Italie ; — la *Maritza*, en Turquie.

6° Dans le versant de la MER NOIRE : le *Danube*, le second fleuve de l'Europe, qui parcourt l'Allemagne, l'Autriche et la Turquie ; — le *Dniester*, le *Dniéper* et le *Don*, en Russie.

7° Dans le versant de la MER CASPIENNE : le *Volga*, le plus long fleuve de l'Europe, en Russie ; — enfin l'*Oural*, que l'on prend pour limite entre l'Europe et l'Asie.

177. Lacs. — En Russie, le lac *Ladoga*, le plus grand de l'Europe, et le lac *Onéga* ; — dans la Suède, les lacs *Wéner*, *Wetter* et *Mélar* ; — en Suisse, les lacs de *Genève* et de *Constance* ; — en Italie, les lacs *Majeur* et de *Garde* ; — en Hongrie, le lac *Balaton*.

§ VI. *Description physique générale*

178. Caractères physiques : 1° L'Europe se caractérise par sa *faible étendue* relative, car elle égale à peine le tiers de l'Afrique et le quart de l'Amérique ou de l'Asie.

2° Sa masse continentale est *très échancrée*. Ses *contours*, très sinueux, présentent beaucoup de presqu'îles et enferment de nombreuses mers intérieures. Ses *côtes*, basses dans le N., montagneuses dans le S., sont riches en bonnes positions commerciales.

3° La *profondeur des mers* septentrionales, entourées de plaines, est peu considérable. On observe en moyenne 100 à 200 mètres dans la mer du Nord, la Baltique, la mer Blanche et le nord de la Caspienne. — Au contraire, les mers méridionales, entourées de montagnes, atteignent plus de 2.000 m. de profondeur dans la Méditerranée, de 4.000 m. dans l'Atlantique.

4° Le *relief du sol* européen, généralement moins élevé que celui des autres continents, forme deux divisions de premier ordre : la haute Europe du S.-O., et la basse Europe du N.-E.

5° La *haute Europe au Sud-Ouest* a de 500 à 1.000 m. d'altitude moyenne, et atteint 4.810 m., point culminant du grand massif des Alpes. Les *plateaux* de l'Espagne, de la France centrale, de l'Allemagne méridionale, de la Bohême, de la Transylvanie et de la Turquie sont les plus remarquables.

6° La *grande plaine de la basse Europe au Nord-Est* est l'une des plus vastes du globe ; elle s'étend depuis l'Oural et la mer Caspienne jusqu'à la mer du Nord, dans la Russie, l'Allemagne septentrionale, la Suède, les Pays-Bas danois et hollandais, etc.

7° Une *dépression* remarquable au-dessous du niveau général de l'Océan est formée en Russie par une partie du bassin *de la mer Caspienne*. Le niveau de cette mer est de 25 mèt. au-dessous de celui de la mer Noire.

8° Entre autres *particularités physiques* de l'Europe, on peut citer les *steppes*, sorte de déserts herbeux de la Russie méridionale, les *grandes forêts* de la Russie orientale ; les *toundras* ou grands marais de la Russie boréale, la *région des lacs* de la Finlande, les *grands marais* du Pripet ; les *glaciers* de la Scandinavie, des Alpes, des Pyrénées, de la Sierra-Névada et du Caucase ; les *deltas* du Rhin, du Rhône, du Pô, du Danube, du Volga, etc.

179. Climat. — Le climat européen est généralement *tempéré*. Il est plus *humide* dans les contrées de l'Ouest, soumises à l'influence des vents tièdes de l'Atlantique ; — *plus froid* dans les contrées du Nord-Ouest, où soufflent les vents polaires ; — *plus chaud* dans les contrées du Sud, où se font sentir les vents d'Afrique.

180. Productions. — L'Europe est riche en minéraux usuels : houille, fer, cuivre, plomb, zinc, mercure, sel, marbres, etc.

181. Végétaux. — L'Europe peut se diviser en 4 *zones agricoles*, en prenant pour bases les principales cultures alimentaires ou industrielles.

1° La *zone du seigle*, de l'orge et de l'avoine, comprend : la Suède, la Norwège et la Russie boréale, régions trop froides pour les autres cultures,

2° La *zone du froment*, de la pomme de terre, du lin, du chanvre, comprend les îles Britanniques, la Belgique, les Pays-Bas, le Danemark, l'Allemagne septentrionale et la Russie centrale.

3° La *zone de la vigne*, du maïs, du houblon, du colza, du tabac, comprend spécialement : la France, l'Allemagne, la Hongrie et la Russie méridionale.

4° La *zone de l'olivier*, de l'oranger, du figuier, du riz, du mûrier, etc., comprend les régions baignées par la Méditerranée.

182. Animaux. — Parmi les *animaux sauvages* de l'Europe on remarque l'ours blanc du Nord, l'ours brun des Alpes, le loup, le renard, la marmotte, le chamois des Alpes, le cerf, le sanglier, etc.

Les *animaux domestiques* les plus précieux sont : le bœuf, le mouton, le cheval, le renne de la Laponie et le chameau des steppes de la mer Caspienne.

SECTION II. — EUROPE POLITIQUE

§ I. *Notions générales*

183. Population. — La population totale de l'Europe est d'environ 310,000,000 d'habitants.

Sa superficie est de 10,000,000 de kilom. carrés (ou 19 fois la superficie de la France).

La *population relative* moyenne de l'Europe est de 31 hab. par kil. carré. La Russie en compte 14, la France 70, l'Angleterre 106, et la Belgique 180.

184. Ethnographie[1]. — L'Europe est peuplée par la race blanche, qui se divise en trois familles principales :

1º La *famille latine,* comprenant les Français, les Espagnols, les Belges-Wallons, les Portugais, les Italiens et les Roumains.

2º La *famille teutonne,* ou germaine, qui comprend les Allemands, les Hollandais, les Belges-Flamands, les Scandinaves et les Anglais.

3º La *famille slave,* qui comprend les Russes et une grande partie des peuples de l'Autriche et de la Turquie.

185. Religion. — Le *catholicisme* domine en Italie, en Espagne, en Portugal, en France, en Belgique et en Autriche.

Le *protestantisme,* en Allemagne, en Angleterre, en Suisse, en Hollande, en Danemark et en Scandinavie.

Le *schisme grec,* en Russie, en Turquie et en Grèce.

On compte environ 6 millions de *mahométans,* en Turquie et en Russie ; et 5 millions de *juifs,* dispersés particulièrement dans l'Europe centrale.

186. Gouvernement. — La forme dominante du gouvernement en Europe est la monarchie constitutionnelle représentative. Il y a aussi plusieurs républiques.

187. Divisions politiques. — L'Europe se divise en 70 États ; mais beaucoup d'entre eux, en général peu considérables, étant réunis dans la *confédération* Suissé ou dans l'empire fé-

---

[1] *Ethnographie* signifie description des peuples.

dératif d'Allemagne, on ne considère que 19 puissances distinctes.

188. Les **principaux États** de l'Europe sont :

A L'OUEST

1° La république *Française*, capitale Paris ;
2° Le royaume-uni de *Grande-Bretagne et d'Irlande*, capitale Londres ;
3° Le royaume de *Belgique*, capitale Bruxelles ;
4° Le royaume des *Pays-Bas*, capitale la Haye.

AU CENTRE

5° L'empire d'*Allemagne*, comprenant la Prusse, capitale Berlin ;
6° L'empire d'*Autriche-Hongrie*, capitale Vienne ;
7° La république de la *Suisse*, capitale Berne.

AU NORD-EST

8° Le royaume de *Danemark*, capitale Copenhague ;
9°, 10° Les royaumes de *Suède* et de *Norwège*, capitales Stockholm et Christiania ;
11° L'empire de *Russie*, capitale Saint-Pétersbourg.

AU SUD

12° Le royaume d'*Espagne*, capitale Madrid ;
13° Le royaume de *Portugal*, capitale Lisbonne ;
14° Le royaume d'*Italie*, capitale Rome ;
15° Le royaume de *Grèce*, capitale Athènes ;
16° L'empire de *Turquie*, capitale Constantinople ;
17° La principauté de *Roumanie*, capitale Bukharest ;
18° La principauté de *Serbie*, capitale Belgrade ;
19° La principauté de *Monténégro*, capitale Cettigne.

§ II. *Notions spéciales*

SUR LES DIVERSES CONTRÉES DE L'EUROPE

I. FRANCE [1]

189. La France a une *population* de 36.000.000 d'habitants appartenant, en général, à la *famille* latine, professant la *religion* catholique, et parlant la *langue* française.

---

[1] Pour les détails, voir page 49.

190. Villes principales. — La France a neuf villes dont la population dépasse cent mille âmes : *Paris, Lyon, Marseille, Bordeaux, Lille, Toulouse, Nantes, Saint-Étienne* et *Rouen*.

191. Ports. — Les principaux ports de commerce sont : *Dunkerque*, sur la mer du Nord ; — *Calais, Boulogne, le Havre* et *Rouen*, sur la Manche ; — *Nantes, Saint-Nazaire, la Rochelle, Bordeaux* et *Bayonne*, sur l'océan Atlantique ; — *Cette, Marseille* et *Nice*, sur la Méditerranée.

— Les ports militaires sont : *Cherbourg*, sur la Manche ; — *Brest, Lorient* et *Rochefort*, sur l'Océan ; — *Toulon*, sur la Méditerranée.

192. Productions. — La France est une contrée à la fois agricole, manufacturière et commerçante. Elle produit pour l'*exportation* : des vins, du sucre, des soieries, des draps, des vêtements confectionnés, des articles de Paris. Elle *importe* ou achète de la houille, des métaux, des matières textiles : soie, coton, lin et laine ; des peaux, du café, et assez souvent du blé, des bestiaux.

II. ILES BRITANNIQUES

193. Les îles Britanniques ont une *population* de 33.500.000 habitants, appartenant en majorité à la *famille* teutonne et à la *religion* protestante, et parlant la *langue* anglaise.

194. Les *îles Britanniques* forment un archipel qui comprend deux grandes îles : la Grande-Bretagne et l'Irlande ; — trois groupes d'îles : les Shetland, les Orcades et les Hébrides ; — plusieurs petites îles, dont les principales sont : Man et Anglesey, dans la mer d'Irlande ; Wight, Aurigny, Guernesey et Jersey, dans la Manche.

195. Villes. — *Londres*, sur la Tamise, capitale de l'empire britannique, est la première ville de l'Europe et du monde pour la richesse, le commerce et la population, qui est de 3,500,000 habitants. — *Édimbourg*, 224,000 qabitants, est la capitale de l'Écosse. — *Dublin*, 320,000 hab., est la capitale de l'Irlande.

Liverpool, par son commerce maritime ; *Manchester*, par ses tissus de coton ; *Glasgow*, par ses tissus et sa métallurgie, comptent parmi les premières villes du monde. Elles ont chacune environ un demi-million d'habitants.

Birmingham est célèbre pour les fers et les machines ; — *Sheffield*, pour la quincaillerie ; — *Leeds*, pour les poteries ; — *Belfast*, en Irlande, et *Dundee*, en Écosse, pour l'industrie du lin.

Douvres et *Folkestone*, ports d'embarquement pour Calais et Boulogne.

196. Ports. — Les ports marchands les plus importants de l'Angleterre sont : *Londres, Hull* et *Newcastle*, sur la mer du Nord ; — *Liverpool, Glasgow* et *Dublin*, sur la mer d'Irlande ; — *Southampton*, sur la Manche.

Les grands ports militaires sont *Portsmouth* et *Plymouth*, sur la Manche.

197. Productions. — Le sol des îles Britanniques, généralement bas, fertile, très bien cultivé, est en outre le plus riche de l'Europe en produits miniers. L'Angleterre est devenue la première puissance industrielle, commerçante, maritime et coloniale dont l'histoire fasse mention.

III. BELGIQUE

198. La Belgique a une *population* de 5.400.000 habitants, appartenant aux *familles* teutonne et latine, professant la *religion* catholique, et parlant les *langues* flamande et française.

199. Villes. — *Bruxelles* est la capitale de la Belgique (300,000 hab.). — *Anvers*, sur l'Escaut, est le principal port de commerce de la Belgique. — *Gand* est un centre d'industrie cotonnière. — *Liége, Charleroi* et *Mons* exploitent de riches bassins houillers et produisent beaucoup de fers.

Héristal, résidence des premiers Carlovingiens. — *Seneffe*, victoire de Condé sur les Hollandais, en 1674. — *Fleurus*, victoires de Luxembourg, en 1690, de Jourdan, en 1794, et de Napoléon, en 1815. — *Fontenoy*, victoire du maréchal de Saxe sur les Anglais, en 1745. — *Jemmapes*, victoire de Dumouriez sur les Autrichiens, en 1792. — *Waterloo*, la dernière bataille de l'empire, en 1815.

200. Ports. — *Anvers* et *Ostende*, ports de mer.

Bruges, Gand, Bruxelles et *Louvain* reçoivent aussi de petits bâtiments de mer par des canaux à grande section.

201. Productions. — La Belgique est une contrée généralement basse, très fertile et très bien cultivée, riche en mines de houille et de métaux. Eu égard à son étendue, c'est le pays le plus peuplé de l'Europe ; elle se place au premier rang par la valeur proportionnelle des produits commerciaux.

IV. PAYS-BAS

202. Les Pays-Bas ont une *population* de 3.800.000 habitants, appartenant à la *famille* teutonne, aux *cultes* protestant et catholique, et parlant la *langue* hollandaise.

203. Villes et ports. — *La Haye*, 100,000 habitants, capitale de la Hollande. — *Amsterdam*, 260,000 habitants, sur le golfe de Zuiderzée, est la première ville du monde pour la taille et le commerce du diamant; c'est le second port marchand du royaume. — Le premier est *Rotterdam*, situé à l'embouchure de la Meuse.

Leyde, célèbre par son université. — *Nimègue*, où fut signé, en 1678, le traité qui mit fin à la guerre de Hollande. — *Utrecht*, où fut signé, en 1713, le traité qui mit fin à la guerre de la succession d'Espagne.

204. Productions. — Les Pays-Bas, comme leur nom l'indique, forment une région plate et très basse, dont les parties occidentales, ou les *polders*, ont un niveau inférieur à celui des hautes marées, et doivent être maintenues à l'abri des inondations par des digues. C'est une contrée agricole, en même temps que ses nombreux canaux en font une contrée essentiellement maritime et commerçante.

V. ALLEMAGNE ET PRUSSE

205. L'Allemagne a une *population* de 43.000.000 d'habitants, appartenant à la *famille* teutonne, professant les *cultes* protestant et catholique, et parlant la *langue* allemande.

206. L'Allemagne a pour *capitale* Berlin, et forme depuis 1871 un *empire fédératif* dont le roi de Prusse est le chef.

L'empire allemand comprend, outre l'Alsace-Lorraine, 25 États que l'on peut classer ainsi :

1° Un *grand État*, la Prusse ;

2° Quatre *États secondaires*, dont la population dépasse un million d'habitants : Bavière, Saxe, Wurtemberg et Bade ;

3° Vingt *petits États*.

207. L'**Alsace-Lorraine**, 1.600.000 habitants, enlevée à la France en 1871, ne forme pas un État proprement dit : elle est administrée par le conseil fédéral comme *pays de l'Empire*. — Villes : *Strasbourg*, capitale, ville forte et commerçante; — *Mulhouse* et *Colmar*, villes manufacturières; — *Metz*, en Lorraine, ville forte et industrielle.

208. États et villes. — 1° Le *royaume de* PRUSSE,

26,000,000 d'hab., capitale Berlin. — Villes : *Berlin*, 1,000,000 d'hab., sur la Sprée, la 3e capitale de l'Europe pour l'importance politique et industrielle. — *Breslau*, sur l'Oder, grand marché de laines. — *Cologne*, sur le Rhin, fabriques d'eau de Cologne et cathédrale magnifique. — *Kœnigsberg, Dantzig* et *Stettin*, ports sur la Baltique, exportation de bois et de céréales.— *Francfort-sur-le-Mein*, siége de l'ancienne confédération germanique. — *Aix-la-Chapelle*, la capitale de l'empire de Charlemagne. — *Hanovre*, capitale du royaume de ce nom annexé en 1866.

Eylau et *Friedland*, victoires des Français sur les Russes en 1807. *Munster*, où fut signé en 1648 le traité de Westphalie.

2° Le *royaume de* BAVIÈRE, capitale *Munich*, renommée par ses monuments et par sa bière. — *Nuremberg*, célèbre par sa bimbeloterie, ses instruments de musique et ses jouets d'enfants.

3° Le *royaume de* SAXE, cap. *Dresde*, qui rappelle le congrès des souverains en 1812, et la victoire des Français sur les Autrichiens en 1813. — *Leipzig*, célèbre par ses foires, sa librairie, et par la bataille dite des Nations, gagnée sur les Français en 1813.

4° Le *royaume de* WURTEMBERG, capitale *Stuttgard*.

5° Le *grand-duché de* BADE, capitale *Carlsruhe*.

209. Ports. — Les principaux ports de commerce de l'Allemagne sont : sur la Baltique, *Stettin, Dantzig, Lubeck* et *Kiel;* — sur la mer du Nord, *Hambourg* et *Brême.*

210. Productions. — L'Allemagne est une contrée basse, sablonneuse et peu fertile au nord ; accidentée, montagneuse au sud, très bien cultivée. Elle se place après l'Angleterre pour l'importance de ses mines de houille, de fer, de zinc, et pour le tonnage de la marine marchande.

VI. AUTRICHE-HONGRIE

211. L'Autriche-Hongrie a une *population* de 37.500.000 habitants, appartenant aux *familles* teutonne, slave et hongroise, professant pour la majorité la *religion* catholique, et parlant diverses *langues :* allemande, hongroise, etc.

212. Villes. — *Vienne*, capitale de l'Autriche, est la première ville manufacturière de l'empire. 1,000,000 d'hab. — *Bude-Pesth*, capitale de la Hongrie, est formée de deux villes séparées par le Danube ; Pesth est l'un des premiers marchés de l'Europe pour les grains, les bestiaux et les vins. 320,000 hab.

Prague, ville forte, capitale de la Bohême. — *Brünn,* capitale de la Moravie, est le plus grand marché de laines de l'Autriche. — *Gratz,* capitale de la Styrie, est un centre métallurgique important.

Austerlitz, village près de Brünn, où Napoléon remporta, en 1805, sur les Austro-Russes, une de ses plus belles victoires. — *Wagram,* village près de Vienne, où Napoléon défit les Autrichiens en 1809.

213. Port. — *Trieste,* sur l'Adriatique, est le port le plus considérable de l'Autriche.

214. Productions. — L'Autriche-Hongrie est une contrée généralement montagneuse, renfermant cependant, au centre, la vaste plaine hongroise. — Elle est très riche en mines et en forêts; la Hongrie produit pour l'*exportation* des bestiaux, du tabac, du vin (de Tokay) et surtout des céréales.

VII. SUISSE

215. La Suisse a une *population* de 2.700.000 habitants, appartenant en majorité à la *famille* teutonne, professant les *cultes* protestant et catholique, et parlant l'allemand, le français ou l'italien.

216. Villes. — *Berne,* 40,000 habitants, est le siége fédéral de la Suisse. — *Genève,* sur le lac de ce nom formé par le Rhône, est le centre d'une grande fabrication d'horlogerie fine ; c'est la ville la plus peuplée de la Suisse. — *Bâle,* sur le Rhin, est la principale ville de commerce avec l'étranger.

Zurich fabrique des soieries et des rubans. — *Neuchâtel* est le centre d'une grande fabrication d'horlogerie. — *Gruyères* est renommée pour ses fromages.

217. Productions. — La Suisse, célèbre par la beauté de ses montagnes, par ses vallées pittoresques, ses glaciers, ses lacs et ses cascades, est essentiellement un pays de pâturages et de troupeaux. C'est en même temps un pays industriel et très commerçant.

VIII. DANEMARK

218. Le Danemark a une *population* de 1.900.000 habitants, appartenant à la *famille* teutonne, professant le *culte* protestant, et parlant la *langue* danoise.

219. Ville. — Le Danemark a pour capitale *Copenhague,* ville forte, située sur le Sund, dans l'île Seeland; elle est le centre du commerce et de l'industrie du Danemark. 240,000 hab.

220. Productions. - Le Danemark est une contrée basse, formée d'îles et de presqu'îles. C'est un pays agricole et marchand, ayant beaucoup d'analogie avec la Hollande. Il *exporte* des céréales, des chevaux et des produits de pêches maritimes.

IX. SUÈDE ET NORWÈGE

221. La Suède et la Norwège ont une *population* totale de **6.200.000** habitants, appartenant à la *famille* teutonne, professant la *religion* protestante, et parlant la *langue* suédoise ou norwégienne.

La Suède et la Norwège constituent deux royaumes différents, gouvernés par un même souverain.

222. Villes. — *Stockholm,* capitale de la Suède, possède un très bon port sur la mer Baltique. 160,000 hab. — *Gothembourg,* sur le Cattégat, sert d'entrepôt au commerce d'exportation de la Suède.

Christiania, capitale de la Norwège, port marchand. 80,000 hab. — *Bergen,* sur l'Atlantique, est le premier port de commerce de la Norwège.

223. Productions. — La péninsule scandinave est une vaste région élevée à l'ouest, basse au sud-est, généralement froide et stérile. Les habitants, groupés sur tout le littoral, s'occupent de la pêche, du commerce maritime, de la construction des navires, de l'exploitation des métaux et des bois de sapins pour l'*exportation.*

X. RUSSIE

224. La Russie d'Europe a une *population* de 74.000.000 d'habitants, appartenant généralement à la *famille* slave, professant la *religion* grecque schismatique, et parlant la *langue* russe.

225. Villes. — *Saint-Pétersbourg,* capitale de l'empire russe, sur le golfe de Finlande, à l'embouchure de la Néva. 700,000 hab. — *Moscou,* ancienne capitale, est le centre de l'industrie russe. Elle fut prise par les Français en 1812, et brûlée le même jour par les Russes. — *Varsovie,* sur la Vistule, est l'ancienne capitale de la Pologne.

Riga, port sur le golfe de Livonie, exportation de lin, graine de lin et bois de sapins dits de Riga. — *Odessa,* port sur la mer Noire, exporte les blés de la Russie. — *Astrakhan,* à l'embouchure du Volga, est l'entrepôt des marchandises de la Perse et de l'Asie centrale.

226. Ports. — Dans la mer Blanche, *Arkhangel;* — dans la Baltique, *Saint-Pétersbourg* et *Riga;* — dans la mer Noire, *Odessa;* — dans la mer Caspienne, *Astrakhan.*

Les ports militaires sont *Cronstadt,* qui défend Saint-Pétersbourg; *Nikolaïev,* principal arsenal maritime de la Russie dans la mer Noire; *Sébastopol,* dans la Crimée.

227. Productions. — La Russie d'Europe est une vaste plaine, froide et stérile dans le nord, aride au sud-est, mais très fertile au centre, et produisant pour l'*exportation* du froment, dit d'Odessa, de l'avoine, du lin, dit de Riga, des peaux, des fourrures. Elle exploite de grandes forêts de sapins et de riches mines d'or, de platine et de pierres précieuses dans l'Oural.

XI. ESPAGNE

228. L'Espagne a une *population* de 17.000.000 d'habitants, appartenant à la *famille* latine, professant la *religion* catholique, et parlant la *langue* espagnole.

229. Villes. — *Madrid,* capitale de l'Espagne, rappelle la captivité de François Ier et le traité conclu avec Charles-Quint en 1526. — 350,000 hab.

Barcelone, grand port marchand, sur la Méditerranée, et le principal centre de l'industrie cotonnière en Espagne. — *Valence,* connue pour ses oranges, est le centre de l'industrie de la soie. — *Malaga* et *Alicante* sont renommées pour leurs vins et leurs fruits.

Cadix, Séville, Cordoue, Grenade et *Murcie* sont des villes célèbres du midi de l'Espagne. — *Tolède,* sur le Tage, possède une superbe cathédrale. — *Saragosse,* sur l'Ebre, fut prise par les Français, en 1809, après un siége célèbre.

230. Ports. — Sur la Méditerranée : *Barcelone, Valence, Alicante, Malaga;* — sur l'Océan, *Cadix,* la *Corogne* et *Santander.*

Gibraltar, port très commerçant et forteresse importante, appartient aux Anglais.

231. Productions. — L'Espagne est formée de plateaux arides où dominent les pâturages; ses montagnes sont riches en mines et ses vallées sont très fertiles. Mais l'insuffisance de routes paralyse l'industrie et le commerce.

XII. PORTUGAL

232. Le Portugal a une *population* de 4.400.000 habitants, appartenant à la *famille* latine, professant la *religion* catholique, et parlant la *langue* portugaise.

233. Villes et ports. — *Lisbonne*, capitale du Portugal, s'élève en amphithéâtre à l'embouchure du Tage, qui forme l'une des plus belles rades de l'Europe. C'est un grand port de commerce et le principal centre des importations en Portugal. 250,000 hab. — *Porto*, à l'embouchure du Douro, exporte des vins renommés.

Coïmbre, université. — *Bragance* a donné son nom à la famille régnante.

234. Productions. — Le Portugal est une contrée montagneuse, fertile, mais mal cultivée; les mines sont inexploitées. Il produit cependant pour l'*exportation* du sel, du vin, de l'huile d'olive, des fruits, surtout des oranges.

XIII. ITALIE

235. L'Italie a une *population* de 27.500.000 habitants, appartenant à la *famille* latine, professant la *religion* catholique, et parlant la *langue* italienne.

236. Divisions et villes. — Le royaume d'Italie comprend les anciennes divisions suivantes :

1° Le Piémont, villes principales : *Turin*, centre industriel, et *Gênes*, port marchand le plus actif de l'Italie ; — la Sardaigne, ville principale *Cagliari*.

2° La Lombardie et la Vénétie, villes principales : *Milan*, fabriques de soieries ; — *Mantoue*, ville forte, sur le Mincio ; — *Venise*, port célèbre, fabriques d'émaux et de verroteries.

Marignan, victoire des Français sur les Suisses, en 1515, et sur les Autrichiens, en 1859. — *Pavie*, où François Ier fut fait prisonnier par les Espagnols, en 1525. — *Cérisoles*, victoire des Français sur les Espagnols, en 1544. — *Castiglione, Arcole, Rivoli*, victoires du général Bonaparte sur les Autrichiens, en 1796 et 1797. — *Marengo*, victoire de Bonaparte, premier consul, en 1800. — *Solferino*, victoire de Napoléon III sur les Autrichiens, en 1859.

Campo-Formio, où le général Bonaparte signa le glorieux traité de 1797, entre la France et l'Autriche.

3° La Toscane, villes principales : *Florence*, renommée par ses beaux édifices, fait le commerce des chapeaux de paille. — *Livourne*, port actif, exportation de soie, de marbre, de potasse et de corail.

4° et 5° Les anciens duchés de *Parme* et de *Modène*.

6° Les anciens ÉTATS DE L'ÉGLISE, villes principales : *Rome*, 260,000 hab., capitale de l'Italie et du monde chrétien, séjour des Papes, sur le Tibre, à peu de distance de la mer. — *Bologne*, renommée par ses écoles. — *Ancône*, place forte et port sur l'Adriatique, et *Civita-Vecchia*, port sur la Méditerranée.

7° L'ancien royaume de NAPLES et de SICILE. Villes principales : *Naples*, port superbe ; c'est la première ville de l'Italie pour la population. 420,000 hab. — *Palerme* et *Messine*, ports dans l'île de Sicile.

237. **Ports.** — Sur la Méditerranée, *Gênes*, *Livourne*, *Civita-Vecchia*, *Naples*, *Messine*, *Palerme* et *Cagliari* ; — sur l'Adriatique, *Ancône* et *Venise*.

238. **Iles.** — Les principales îles italiennes sont : la *Sicile*, renommée pour ses soufrières ; elle a pour villes principales Palerme, Syracuse et Messine ; — la *Sardaigne*, v. princ. Cagliari, port ; — l'île d'*Elbe*, donnée par les alliés à Napoléon, après sa première abdication ; — les îles *Lipari*.

L'île de *Malte* appartient aux Anglais.

239. **Productions.** — L'Italie est une contrée célèbre par la beauté de son ciel, la variété et l'agrément de ses aspects, et par ses richesses naturelles. Cependant son industrie est peu progressive, excepté dans les provinces septentrionales.

XIV. GRÈCE

240. La Grèce a une *population* de 1.500.000 habitants, qui sont grecs de *famille*, de *religion* et de *langue*.

241. **Villes.** — *Athènes*, capitale de la Grèce, rappelle de grands souvenirs historiques et possède de belles ruines. 45.000 hab. — *Corinthe*, près de l'isthme de ce nom, fait un grand commerce de raisins secs. — *Lépante*, sur le golfe de ce nom, rappelle la glorieuse victoire navale de don Juan d'Autriche sur les Turcs, en 1571.

242. **Ports.** — *Corfou* et *Zante*, dans les îles Ioniennes ; *Syra*, dans les Cyclades. — Athènes a pour port *le Pirée*.

— **Productions.** — La Grèce est une contrée péninsulaire et insulaire, favorable au commerce maritime ; mais l'intérieur est formé de plateaux montagneux, déboisés, arides et déserts. Son industrie est presque nulle.

XV. TURQUIE D'EUROPE

243. La Turquie d'Europe a une *population* de 19.000.000 d'habitants, appartenant aux *familles* slave et turque, professant la *religion* grecque ou mahométane, et parlant les *langues* grecque et turque. .

244. Villes. — *Constantinople*, capitale de l'empire turc, à l'entrée du Bosphore, possède le port le plus sûr et le mieux situé de la Méditerranée ; c'est le plus grand **entrepôt** commercial du Levant. Vue du Bosphore, Constantinople paraît magnifique ; mais elle est mal bâtie, et l'intérieur est malpropre. 800,000 hab. — *Andrinople* occupe une position militaire importante ; elle est connue par ses tapis et ses essences de roses. — *Bosna-Séraï*, dans la Bosnie.

245. Ports. — *Constantinople*, sur le Bosphore ; *Gallipoli*, sur les Dardanelles ; *Salonique*, sur le golfe de ce nom ; *Varna*, dans la mer Noire.

— **Productions.** — La Turquie d'Europe est une contrée montagneuse, naturellement riche en minéraux et en végétaux ; mais l'agriculture et l'industrie y sont peu prospères.

XVI. ROUMANIE, SERBIE ET MONTÉNÉGRO

246. La Roumanie, la Serbie et le Monténégro, provinces détachées de l'empire turc par la dernière guerre et le traité de Berlin de 1878, forment actuellement *trois principautés indépendantes*. Le *gouvernement* est monarchique et constitutionnel. Les habitants appartiennent aux *familles* latine (les Roumains) et slave, professent la *religion* grecque et parlent les *langues* roumaine et slave.

247. La *principauté* de **Roumanie** compte 5.000.000 d'hab. Capitale *Bukharest*, 200.000 hab., dans la Valachie. Villes princ. *Jassy*, dans la Moldavie ; *Galatz*, port sur le Danube.

La *principauté de* **Serbie**, pop. 1.500.000 hab. ; a pour capitale *Belgrade*, sur le Danube.

La *principauté de* **Monténégro**, pop. 200.000 hab. ; a pour capitale *Cettigne*

248. Productions. — La Roumanie est un pays de plaines fertiles en blé, qu'elle exporte pour l'Occident, par le Danube et le *port* de Galatz. La Serbie et le Monténégro sont montagneux et peu productifs.

CHAPITRE IX

—

COMMERCE ET COLONIES

RAPPORTS DE L'EUROPE AVEC LES AUTRES PARTIES DU MONDE

—

SECTION I

Industrie européenne

(RÉCAPITULATION)

249. Les pays de l'Europe les plus remarquables par l'activité industrielle et commerciale sont ceux de l'Ouest et du Centre : l'Angleterre, la France et l'Allemagne, pour la quantité absolue des produits ; la Belgique, les Pays-Bas, la Suisse et le Danemark, pour la quantité proportionnelle à la population et à la superficie. — Ce sont aussi les pays où la population est généralement la plus dense et la plus riche.

250. **Produits végétaux.** — Considérant la quantité absolue des produits, le *froment* est surtout cultivé en France, en Russie, en Hongrie ; — le *seigle* et l'*avoine*, dans les contrées du Nord ; — le *maïs*, dans celles du Sud ; — la *vigne*, en France, en Hongrie et dans le Midi ; — le *houblon* et l'*orge* (pour la bière), en Angleterre, en Belgique, en Bavière, en Bohême ; — la *betterave* (pour le sucre), en France, en Allemagne, en Belgique ; — le *lin* et le *chanvre*, en Russie, en Irlande. — La Russie, la Scandinavie et l'Autriche ont le plus de *forêts*.

251. **Animaux domestiques.** — Pour la quantité absolue, la Russie, l'Autriche, la Hongrie, l'Allemagne et la France sont les pays qui élèvent le plus de *chevaux*, de *gros bétail* et de *moutons* ; mais l'Angleterre possède les races les plus perfectionnées : chevaux de luxe, bœufs et moutons de boucherie. Les races bovines hollandaises et suisses donnent beaucoup de lait, dont on fait du beurre et des fromages renommés ; les moutons allemands ou saxons donnent la meilleure laine.

252. **Produits minéraux.** — L'Angleterre, produisant les deux tiers de la houille, la moitié du fer et autres métaux, se

place au premier rang. La Prusse est au second rang ; puis viennent la France, la Belgique, l'Autriche, etc.

253. Produits manufacturés. — L'Angleterre, si riche en métaux et en combustibles nécessaires à la construction et à l'usage des machines, tient la première place pour les produits manufacturés. Au second rang viennent la France et l'Allemagne, pour la quantité absolue ; la Belgique et la Suisse, pour la quantité proportionnelle.

254. Valeur du commerce international. — L'Angleterre, si abondante en produits naturels et industriels, est devenue la première puissance commerciale du monde. La France est au second rang avec l'Allemagne pour la quantité absolue, la Belgique et la Hollande pour la quantité proportionnelle.

255. Moyens de transport des produits. — 1º Les pays qui ont le plus de *chemins de fer*, par rapport à la superficie, sont : la Belgique, l'Angleterre, la Hollande, l'Allemagne, la France et la Suisse ;

2º Les pays les mieux dotés en *voies navigables* sont : la Hollande, l'Angleterre, la Belgique et la France ;

3º La *marine marchande* anglaise est cinq fois plus considérable que la marine française ou la marine allemande, qui se placent au second rang. — Viennent ensuite les marines suédo-norwégienne, italienne, hollandaise, russe, etc.

256. Grands ports de commerce. — Par ordre de *situation géographique*, les ports principaux de l'Europe sont :

Dans la *mer Baltique*. — Saint-Pétersbourg et Riga, en Russie. — Dantzig, Stettin, Lubeck et Kiel, en Prusse. — Copenhague, en Danemark. — Stockholm, en Suède.

Dans la *mer du Nord*. — Hambourg et Brême, en Allemagne. — Amsterdam et Rotterdam, en Hollande. — Anvers et Ostende, en Belgique. — Dunkerque, en France. — Londres, Hull, Newcastle, en Angleterre.

Dans la *mer d'Irlande*. — Liverpool, en Angleterre. — Glasgow, en Écosse. — Dublin, en Irlande.

Dans la *Manche*. — Boulogne, le Havre et Rouen, en France. — Southampton, en Angleterre.

Dans l'*Océan*. — Bristol, en Angleterre. — Nantes, Saint-Nazaire, la Rochelle, Bordeaux et Bayonne, en France. — Porto et Lisbonne, en Portugal. — Cadix, en Espagne.

Dans la *Méditerranée*. — Malaga, Valence et Barcelone, en Espagne. — Cette, Marseille et Nice, en France. — Gênes, Livourne, Civita-Vecchia et Naples, en Italie. — Palerme, en Sicile.

Dans l'*Adriatique*. — Ancône et Venise, en Italie. — Trieste, en Autriche.

Dans l'*Archipel*. — Syra, en Grèce. — Salonique, en Turquie.

Dans la *mer de Marmara*. — Constantinople, en Turquie.

Dans la *mer Noire*. — Varna, en Turquie. — Odessa, **en** Russie.

Dans la *mer Caspienne*. — Astrakhan, en Russie.

SECTION II

Colonies européennes

257. Huit puissances européennes ont des colonies ou des possessions territoriales à l'étranger.

258. **L'Angleterre** est la puissance la plus riche en colonies. Elle possède, en *Europe :* l'île d'Helgoland, **près** de l'embouchure de l'Elbe ; — la ville de Gibraltar, en Espagne, et l'île de Malte, dans la Méditerranée ;

En *Asie :* l'EMPIRE DES INDES, capitale Calcutta ; — les îles Ceylan, Singapour et Hong-kong ; — Aden et l'île Périm, à l'entrée de la mer Rouge ;

En *Afrique :* Freetown et la Côte-d'Or, dans la Guinée ; — les îles de l'Ascension et de Sainte-Hélène, dans l'Atlantique ; — la COLONIE DU CAP ; — l'île Maurice et les Seychelles, dans l'océan Indien ;

En *Amérique :* le CANADA, la Guyane anglaise, la Jamaïque et la plupart des petites Antilles ;

En *Océanie :* l'AUSTRALIE, la Tasmanie et la Nouvelle-Zélande.

259. Pour les possessions de la **France**, voir p. 80.

260. La **Hollande** possède, en *Amérique,* la Guyane hollandaise et quelques-unes des Antilles ; — en *Océanie,* JAVA, capitale Batavia ; Sumatra, Bornéo, Célèbes et les Moluques.

261. **L'Espagne** possède, en *Afrique,* la ville de Ceuta et les îles CANARIES ; — en *Amérique,* les îles CUBA et Porto-Rico, dans les Antilles ; — en *Océanie,* les PHILIPPINES et les Mariannes.

262. Le **Portugal** possède, en *Afrique,* les AÇORES, MADÈRE, les îles du Cap-Vert, l'Angola, le Mozambique ; — en *Asie,* la ville de Goa, sur les côtes de l'Hindoustan, et la ville de Macao, sur les côtes de la Chine.

263. Le **Danemark** possède l'Islande et les îles Féroé, en Europe ; — le Groenland, au nord de l'Amérique, et les îles Saint-Thomas et Sainte-Croix, dans les Antilles.

264. La Suède a cédé en 1877 l'île Saint-Barthélemy à la France.

265. L'empire russe comprend, en Asie, la CAUCASIE, la SIBÉRIE et le Turkestan occidental.

266. L'empire turc possède, en dehors de l'Europe, la TURQUIE D'ASIE, et il étend sa suzeraineté sur l'ÉGYPTE, le Tripoli et la Tunisie.

SECTION III

Principaux objets d'échange

Entre l'Europe et les autres parties du monde.

267. L'EUROPE, renfermant les populations les plus actives et les plus intelligentes du globe, produit, malgré sa faible étendue relative, une somme de marchandises bien supérieure à celle des autres parties du monde, et elle provoque presque la totalité du mouvement commercial intercontinental.

268. Les échanges s'établissent surtout entre l'Angleterre, la France, l'Allemagne, la Belgique, la Hollande, d'une part; — les États-Unis, les Indes, la Chine et l'Australie anglaise, d'autre part.

269. EXPORTATION. — **L'Europe** *exporte* ou expédie dans toutes les parties du monde des produits manufacturés et des substances alimentaires.

1º *Produits manufacturés :* tissus de coton, de laine et de soie; — vêtements confectionnés, objets de mode, d'ameublement; — articles de bijouterie, d'horlogerie, de quincaillerie; — armes et machines; — instruments de musique et de précision, objets d'art et de science; — articles de librairie;

2º *Substances alimentaires :* vins, spiritueux, sucres raffinés, farines, conserves alimentaires, etc.

270. IMPORTATION. — L'Europe reçoit des autres parties du monde et *importe* chez elle :

1º Des *matières premières* pour ses manufactures;

2º Des *minéraux* ou *métaux bruts ;*

3º Des *substances alimentaires.*

271. L'Asie fournit à l'Europe :

1º L'or, l'argent, le platine, le diamant, les pierres précieuses et les fourrures de la Sibérie ;

2º Le *thé,* la *soie,* les œufs de vers à soie et les soieries de la Chine et du Japon ;

3º Le coton, les drogues tinctoriales, le *riz,* les *épices,* l'opium, les ivoires et bois sculptés, le papier, la porcelaine de la Chine, du Japon et des Indes ;

4° Le cuivre du Japon, les perles de Ceylan, les *châles* de Cachemire, la laine de chèvres et le musc du Thibet ;

5° Le café, la gomme, l'encens, le corail de l'Arabie et de la Perse ;

6° Les figues, les raisins, les tapis de Smyrne, les armes blanches dites de Damas, le tabac, les olives, les sangsues de la Turquie d'Asie, les éponges des côtes de la Syrie.

272. **L'Afrique** fournit à l'Europe :

1° Le marbre, le fer, les fruits et les légumes de primeur d'Algérie ;

2° Les cocos et les vins de Madère ;

3° L'huile de palme et d'arachide du Sénégal ;

4° Les plumes d'autruche, l'ivoire, les dattes du Sahara et du Soudan ;

5° Le *coton*, les céréales, les gommes d'Égypte ;

6° Les laines et les peaux de bœufs du Cap ;

7° Le *sucre*, le café, la vanille de Maurice et de la Réunion.

273. **L'Amérique** fournit à l'Europe :

1° Les fourrures et les bois du Canada ;

2° Le *coton*, les céréales, les *farines* de froment et de maïs, le *tabac*, les viandes salées, l'*or* et le *pétrole* des États-Unis ;

3° L'*argent* du Mexique ;

4° Les denrées coloniales : le *sucre*, le café, le cacao, le caoutchouc, les *bois de teinture et d'ébénisterie* des Antilles et du Brésil ;

5° Les *laines*, les *peaux brutes*, les viandes séchées des pampas Argentins et du Brésil ;

6° L'or, le *cuivre*, le guano du Pérou et du Chili.

274. **L'Océanie** fournit à l'Europe :

1° L'*or*, le cuivre, les bestiaux, les *laines* et les farines de l'Australie et des autres colonies anglaises ;

2° Les *denrées coloniales* : le café, le sucre, l'indigo, le poivre, les épices de Java et des Moluques (possessions hollandaises), l'étain de Banca et les cigares de Manille.

LA FRANCE

CHAPITRE I

GÉOGRAPHIE PHYSIQUE

§ I. *Situation et bornes*

275. Situation. — La France est l'un des grands États de l'Europe occidentale.

276. Bornes. — La France est bornée :
Au *nord-ouest*, par la Manche, le Pas de Calais, la mer du Nord ;
Au *nord-est*, par la Belgique et par l'Allemagne (Alsace-Lorraine) ;
A l'*est*, par l'Allemagne, la Suisse et l'Italie ;
Au *sud-est*, par la Méditerranée ;
Au *sud-ouest*, par l'Espagne ;
A l'*ouest*, par l'océan Atlantique.

277. Configuration. — Les contours de la France affectent la forme générale d'un *hexagone irrégulier* dont les sommets sont : au *nord*, la ville de Dunkerque ; — à l'*ouest*, le cap Saint-Matthieu ; — au *sud-ouest*, l'embouchure de la Bidassoa ; — au *sud*, le cap Cerbère ; — au *sud-est*, la ville de Menton, près l'embouchure de la Roya ; — à l'*est*, le confluent de la Lauter et du Rhin (avant la perte de l'Alsace).

§ II. *Parties de mer*

278. Mers. — Les mers qui baignent les côtes de la France sont :
La *mer du Nord*, qui ne touche que les côtes des départements du Nord et du Pas-de-Calais ;

La *Manche*, qui baigne la France au nord-ouest;

L'*Atlantique*, ou la mer de France, qui la baigne à l'ouest;

La *Méditerranée*, qui la baigne au sud-est.

279. Golfes. — Les principaux golfes formés sur les côtes de la France sont, dans la Manche : les golfes de *Normandie* et de *Saint-Malo*; — dans l'Atlantique : le *golfe de Gascogne*; — dans la Méditerranée : le *golfe du Lion*.

Les golfes moins importants sont, dans la Manche : l'*estuaire de la Seine*; — dans l'Atlantique : la *baie de Brest*, la *baie de Douarnenez*, le *Morbihan* et le *bassin d'Arcachon*; — dans la Méditerranée : la *rade de Toulon*, celle d'*Hyères* et la baie de *Saint-Tropez*.

280. Détroits. — Les détroits remarquables sont :

Le *Pas de Calais*, entre la France et l'Angleterre; 28 kilomètres de largeur.

Le *détroit de Bonifacio*, entre la Corse et la Sardaigne;

Le *pertuis Breton*, entre la Vendée et l'île de **Ré**;

Le *pertuis d'Antioche*, entre les îles de Ré et d'Oleron.

§ III. *Parties de terre*

281. Iles. — Dans l'Atlantique : l'île d'*Ouessant*, — l'île de *Sein* [1], *Groix*, *Belle-Ile*, [2], — *Noirmoutier* et *Yeu* [3], — *Ré* et *Oléron* [4];

Dans la Méditerranée : les îles d'*Hyères* [5], — et la grande île de *Corse*, qui forme un département.

282. Presqu'îles. — Le *Cotentin*, ou la presqu'île normande, qui forme en partie le département de la Manche;

La *Bretagne*, à l'ouest de la France.

283. Caps. — Le cap *Gris-Nez*, entre Calais et Boulogne;

La pointe de *Barfleur* et le cap de la *Hague*, au nord du Cotentin;

Le cap *Saint-Matthieu*, à l'ouest du Finistère;

Le cap *Cerbère*, à l'E. des Pyrénées.

---

[1] Dépendant du département du Finistère. — [2] Morbihan. — [3] Vendée. — [4] Charente-Inférieure. — [5] Var.

§ IV. *Orographie*, ou *les montagnes*

284. Montagnes des frontières. — Les montagnes situées sur les frontières de la France sont : les Pyrénées, les Alpes, le Jura et les Vosges.

1º Les Pyrénées sont dirigées ou orientées de l'E. à l'O., et séparent la France de l'Espagne sur un développement d'environ 500 kilom.

2º Les Alpes forment le massif montagneux le plus important de l'Europe; les *Alpes occidentales*, orientées du S. au N., s'étendent jusqu'au Rhône, et séparent la France de l'Italie sur une longueur d'environ 400 kilom.

On y remarque le mont Blanc, 4.810 mèt. d'altitude, le point culminant de l'Europe.

3º Le Jura, formé de nombreux chaînons parallèles, s'étend du S. au N. sur une longueur de 300 kilom.; il sépare la France de la Suisse.

4º Les Vosges se dirigent du S. au N., et séparent aujourd'hui la France de l'Allemagne.

285. Montagnes de l'intérieur. — A l'O. du Rhône se développe le large massif du plateau central, auquel se rattachent la plupart des plateaux et des collines de l'intérieur de la France. On y remarque :

1º Les Cévennes, qui forment le rebord oriental du plateau central et qui comprennent du S. au N.: les *montagnes Noires*, les monts du *Gévaudan*, les *Cévennes proprement dites*, suivis des monts du *Lyonnais* et du *Charolais*.

2º La *Côte-d'Or*, le *plateau de Langres* et les monts *Faucilles*, forment la ligne de partage des eaux du versant de la Méditerranée.

3º Les monts du *Forez* séparent le bassin de l'Allier du bassin de la Loire supérieure.

4º Les monts d'Auvergne forment le noyau du plateau central, et séparent, avec les monts du *Limousin*, les bassins de la Loire et de la Garonne.

5º Les monts du *Morvan*, à l'O. de la Côte-d'Or, forment, avec les plaines de la Beauce et les collines de la *Normandie* et de la *Bretagne*, la ligne de partage des versants de l'Atlantique et de la Manche.

6º Les monts de l'*Argonne* et de l'*Ardenne* occiden-

tales appartiennent à la ligne de ceinture du versant de
la Manche.

§ V. *Hydrographie*, ou *les eaux*

286. Versants maritimes. — Le territoire français
se divise en quatre versants maritimes, faisant partie des
bassins des quatre mers qui le baignent. Ce sont :
Au N., le *versant de la mer du Nord;*
Au N.-O., le *versant de la Manche;*
A l'O., le *versant de l'Atlantique;*
Au S.-E., le *versant de la Méditerranée.*

287. Ligne de partage des eaux. — La ligne de partage
principale est celle qui sépare le VERSANT DE LA MÉDITER-
RANÉE des versants de l'Atlantique, de la Manche et de la mer
du Nord.
Cette ligne part du golfe de Gênes, remonte du S. au N. le
haut massif des *Alpes occidentales,* en passant par les Alpes
maritimes, les Alpes Cottiennes, les Alpes Graies, les Alpes
Pennines, où elle s'élève au *mont Blanc* à 4.810 m. d'altitude;
de là elle se dirige vers les sources du Rhône, où elle se rattache à la grande ligne de partage européenne (n° 175).
Elle entre en France par le *Jura,* à plus de 1.500 m., passe
par les *Vosges* méridionales, 1.250 m., et par les monts *Faucilles ;* s'abaisse sur le plateau *de Langres* à 400 m. d'altitude
moyenne, se relève sur la *Côte-d'Or* et les *Cévennes* à 1.754 m.;
puis elle redescend à 190 m. au *col de Naurouze,* où passe le
canal du Midi ; elle remonte enfin par les *Corbières,* suit la
crête des *Pyrénées* à une altitude de 2.000 à 3.400 m., et pé-
nètre en Espagne par le sud du golfe de Gascogne.

§ VI. *Bassins* et *cours d'eau*

288. Bassins fluviaux. — Les quatre versants maritimes
français se divisent naturellement en autant de bassins hydrographiques qu'il y a de cours d'eau. Cependant, par simplifi-
cation, on considère plus particulièrement les *quatre grands
bassins fluviaux* de la *Seine,* de la *Loire,* de la *Garonne* et du
Rhône, auxquels on rattache les petits bassins côtiers des *rivières maritimes* qui se jettent dans la même mer.
Les trois bassins fluviaux du *Rhin,* de la *Meuse* et de l'*Escaut,* moins considérables en France que les précédents, appartiennent au versant de la mer du Nord.

1° LE RHIN

289. La **ceinture** du bassin du Rhin est formée en **France**

par le Jura, les Vosges, les Faucilles, l'Argonne et l'Ardenne orientales.

290. Cours. — Le Rhin prend sa source au massif du Saint-Gothard, dans les Alpes, en Suisse ; forme le lac de Constance, coule du S. au N. dans la plaine de l'Alsace, traverse l'Allemagne et forme dans les Pays-Bas hollandais, en se jetant dans la mer du Nord, un vaste delta qui s'étend des bouches de la Meuse au Zuiderzée. — (1.360 kilom. de longueur.)

291. Le Rhin passe à Bâle et près de Strasbourg ; il baigne Mayence, Coblentz et Cologne. — Il n'arrose plus le territoire français depuis la perte de l'Alsace, mais il reçoit la *Moselle,* grossie de la *Meurthe,* traversant nos départements des Vosges et de Meurthe-et-Moselle.

2° LA MEUSE

292. La ceinture du bassin de la Meuse est formée, en France, de l'Ardenne et de l'Argonne orientales, des Faucilles, de l'Argonne et de l'Ardenne occidentales.

—Cours. — La Meuse prend sa source à Pouilly, près de Bourbonne-les-Bains, au plateau de Langres, et coule du S. au N. dans une vallée étroite et encaissée, qui coupe les Ardennes en Belgique ; elle traverse ensuite la grande plaine des Pays-Bas hollandais, et, unissant ses bouches à celles du Rhin et de l'Escaut, elle se jette dans la mer du Nord. — (800 kilom.)

293. La Meuse traverse *4 départements* : Haute-Marne, Vosges, Meuse et Ardennes.

La Meuse arrose en France le village de Meuse[1], — Neufchâteau[2], — Verdun[3], — Sedan et Mézières[4]. — En Belgique, elle baigne Namur et Liége ; — en Hollande, elle arrose Maestricht et Rotterdam.

294. Affluents. — La Meuse reçoit : à DROITE, le *Chiers ;* — à GAUCHE, à Namur, la *Sambre,* qui passe à Maubeuge (Nord).

3° L'ESCAUT

295. La ceinture du bassin de l'Escaut est formée par les Ardennes occidentales, le plateau de Saint-Quentin et les collines de l'Artois.

— Cours. — L'Escaut prend sa source au plateau de Saint-Quentin. Il traverse les plaines basses et fertiles de la Flandre française et de la Belgique, et se jette en Hollande dans la mer du Nord par un large estuaire. — (350 kilom.)

---

[1] Haute-Marne. — [2] Vosges. — [3] Meuse. — [4] Ardennes.

296. L'Escaut traverse 2 *départements :* Aisne **et** Nord.

L'Escaut arrose en France le Catelet[1], — Cambrai, Valenciennes et Condé [2]; — en Belgique, Tournay, **Gand et** Anvers.

297. Affluents. — L'Escaut reçoit, à gauche, la *Scarpe* et la *Lys.*

4° LA SEINE

298. La ceinture du bassin de la Seine, à partir du cap de la Hève, comprend les plateaux ou collines du pays **de Caux** et de la Picardie, l'Ardenne occidentale, l'Argonne occidentale, le plateau de Langres, la Côte-d'Or, le Morvan, les collines du Nivernais, le plateau d'Orléans ou plaine **de la** Beauce, les collines du Perche et du Lieuvin ; elle finit **près** de Honfleur, en face du cap de la Hève.

— **Cours.** — La Seine prend sa source près du mont Asselot, dans la commune de Saint-Germain-la-Feuille (Côte-d'Or). La vallée de la Seine, étroite et en pente rapide d'abord, s'élargit et traverse généralement de vastes plaines. **En aval** de Paris, elle est bordée d'agréables coteaux, et le **fleuve dé**crit de nombreux *méandres* ou détours, avant de se jeter **dans** la Manche par un *estuaire* de 10 kilom. d'ouverture. — **(770 k.)**

299. La Seine arrose 9 *départements :* Côte-d'Or, **Aube,** Marne, Seine-et-Marne, Seine-et-Oise, Seine (Seine-et-Oise), Eure, Seine-Inférieure, Calvados.

La Seine baigne Châtillon-sur-Seine[3], — Bar-sur-Seine, Troyes et Nogent-sur-Seine[4], — Montereau, Melun[5], — Paris, Saint-Denis[6], — Mantes[7], — les Andelys[8], — Elbeuf, Rouen, le Havre[9] et Honfleur[10].

300. Affluents. — La Seine reçoit : à DROITE, l'*Aube,* la *Marne* et l'*Oise,* grossie de l'*Aisne;* — à GAUCHE, l'*Yonne,* le *Loing* et l'*Eure.*

301. Les **rivières maritimes** suivantes forment des **bassins** côtiers se rattachant au bassin de la Seine :
La *Somme* arrose Saint-Quentin, Amiens, Abbeville ;
L'*Orne* passe à Caen ;
La *Vire* arrose Vire et Saint-Lô ;
La *Rance* baigne Saint-Malo.

---

[1] Aisne. — [2] Nord. — [3] Côte-d'Or. — [4] Aube. — [5] Seine-et-**Marne.** — [6] Seine. — [7] Seine-et-Oise. — [8] Eure. — [9] Seine-Inférieure. — [10] Calvados.

5° **LA LOIRE**

302. La ceinture du bassin de la Loire, à partir de Saint-Nazaire, comprend les collines du Maine, de la Normandie et du Perche, le plateau d'Orléans, les collines du Nivernais, le **Morvan**, la Côte-d'Or, les Cévennes (monts du Charolais, du **Lyonnais**, du Vivarais); les monts de Margeride, les monts d'Auvergne, les collines du Limousin, du Poitou et le plateau de Gatine, pour finir à la pointe Saint-Gildas.

— Cours. — La Loire prend sa source au mont Gerbier-des-Joncs, dans les Cévennes (Ardèche). Elle parcourt le plateau central par une vallée profonde qui s'élargit successivement jusque dans l'Orléanais, d'où le fleuve, se dirigeant vers l'ouest par une série de courbes allongées, ne rencontre plus que de vastes plaines, et il finit dans l'Atlantique, par une embouchure large de 12 kilomètres. — (1.040 kilom.)

303. La Loire traverse ou touche 12 *départements* : Ardèche, Haute-Loire, Loire, Saône-et-Loire, Nièvre, Allier, Cher, Loiret, Loir-et-Cher, Indre-et-Loire, Maine-et-Loire, Loire-Inférieure.

La Loire passe non loin du Puy [1] — et de Saint-Étienne; elle baigne Roanne [2], — Digoin [3], — Decize et Nevers [4], — Briare, Gien et Orléans [5], — Blois [6], — Amboise et Tours [7], — Saumur [8], — Ancenis, Nantes, Paimbœuf et Saint-Nazaire [9].

304. Affluents. — La Loire reçoit : à DROITE, la *Nièvre*, la *Maine*, formée par la réunion de la *Mayenne* et de la *Sarthe* grossie du *Loir* et de l'*Erdre*; — à GAUCHE, l'*Allier*, le *Loiret*, le *Cher*, l'*Indre*, la *Vienne* grossie de la *Creuse*, et la *Sèvre-Nantaise*.

305. Les rivières maritimes suivantes forment des bassins côtiers se rattachant au bassin de la Loire :
L'*Aulne* se jette dans la baie de Brest;
Le *Blavet* baigne Lorient;
La *Vilaine* passe à Rennes et reçoit l'*Ille*.

6° **LA GARONNE**

306. La ceinture du bassin de la Garonne, à partir de la pointe de la Coubre, comprend la plaine de la Saintonge et

---

[1] Haute-Loire. — [2] Loire. — [3] Saône-et-Loire. — [4] Nièvre. — [5] Loiret. — [6] Loir-et-Cher. — [7] Indre-et-Loire. — [8] Maine-et-Loire. — [9] Loire-Inférieure.

du Périgord , les collines du Limousin , les monts d'Auvergne et de la Margeride, les Cévennes (monts du Gévaudan, les Garrigues, l'Espinouz et les montagnes Noires), les Corbières, les Pyrénées centrales, les collines de l'Armagnac et la plaine des Landes, jusqu'à la pointe de Grave.

— **Cours.** — La Garonne prend sa source au val d'Aran, dans les Pyrénées espagnoles, et coule rapidement jusqu'à Toulouse, où sa vallée s'élargit ; en face du plateau central, elle oblique vers l'ouest, traverse de vastes plaines, se réunit à la Dordogne au Bec d'Ambez, et va se jeter dans le golfe de Gascogne par un estuaire remarquable, auquel on donne le nom de *Gironde*. — (650 kilom.)

307. La Garonne arrose 5 *départements* : Haute-Garonne, Tarn-et-Garonne, Lot-et-Garonne, Gironde et Charente-Inférieure.

La Garonne baigne Saint-Gaudens et Toulouse [1], — passe près de Castel-Sarrazin [2], — baigne Agen et Marmande [3], — la Réole, Bordeaux et Blaye [4].

308. **Affluents.** — La Garonne reçoit : à DROITE, l'*Ariège*, le *Tarn* grossi de l'*Aveyron*, le *Lot*, la *Dordogne* grossie de la *Vézère*, où afflue la *Corrèze*, et de l'*Isle* ; — à GAUCHE, le *Gers*.

309. Les **rivières maritimes** suivantes forment des bassins côtiers se rattachant au bassin de la Garonne :

La *Sèvre-Niortaise* passe à Niort et reçoit la *Vendée ;*

La *Charente* baigne Angoulême et Rochefort ;

L'*Adour* baigne Tarbes et Bayonne et reçoit le *Gave de Pau ;*

La *Bidassoa* dans son cours inférieur sépare la France de l'Espagne.

7° LE RHÔNE

310. La **ceinture** du bassin du Rhône, à partir de la plaine du Languedoc, aux environs d'Aigues-Mortes, comprend les Cévennes (monts du Gévaudan, du Vivarais, du Lyonnais, du Charolais), la Côte-d'Or, le plateau de Langres, les monts Faucilles, les Vosges méridionales, le Jura, les Alpes Bernoises, les Alpes Pennines, les Alpes Graies, les Alpes Cottiennes et les Alpes de Provence, jusqu'à la plaine de la Crau.

— **Cours.** — Le Rhône sort des glaciers du Saint-Gothard, dans les Alpes suisses, coule vers l'ouest en traversant le canton du Valais, forme le lac de Genève et contourne le Jura méridional par un étroit défilé. A Lyon, arrêté par le massif

---

1 Haute-Garonne. — 2 Tarn-et-Garonne. — 3 Lot-et-Garonne. — 4 Gironde.

des Cévennes, il se dirige au S. par une large et belle vallée, et va se jeter dans la Méditerranée, en formant, du limon qu'il dépose, un vaste delta qui s'accroît sans cesse et s'avance dans la mer de 1 kilom. par siècle. — (860 kilom.)

311. Le Rhône limite 11 *départements* : à droite, l'Ain, le **Rhône**, la Loire, l'Ardèche, le Gard ; — à gauche, la **Haute-Savoie**, la Savoie, l'Isère, la Drôme, Vaucluse et les **Bouches-du-Rhône.**

Le Rhône arrose Seyssel [1], — Lyon [2], — Vienne [3], — Valence [4], — Viviers [5], — Avignon [6], — Beaucaire [7], — Tarascon, Arles [8].

312. Affluents. — Le Rhône reçoit : à DROITE, l'*Ain*, la *Saône* grossie du *Doubs*, l'*Ardèche* et le *Gard* ; — à GAUCHE, l'*Arve*, l'*Isère*, la *Drôme*, la *Sorgues* et la *Durance*.

313. Les rivières maritimes suivantes forment des bassins côtiers se rattachant au bassin du Rhône :

L'*Aude* passe à Carcassonne ;

L'*Hérault*. Le *Var* passe à Puget-Théniers ; il n'arrose plus le **département** qui porte son nom ;

La *Roya*, qui a sa source et son embouchure en Italie, traverse en France l'extrémité du département des Alpes-Maritimes.

Lacs

314. Les principaux lacs sont le *Léman* ou *lac de Genève*, qui appartient à la France et à la Suisse ; les lacs d'*Annecy* et du *Bourget*, situés en Savoie ; le lac de *Grand-Lieu*.

§ VII. *Description des côtes et des frontières*

315. Littoral de la France. — La côte maritime est basse et bordée de *dunes sablonneuses* depuis Dunkerque jusqu'à la Somme ; ensuite elle présente des *falaises* ou escarpements rocheux de 50 m. à 100 m. d'élévation, jusqu'à la Seine ; — puis les écueils ou *rochers du Calvados*, dangereux pour la navigation et ainsi nommés d'un vaisseau espagnol, le *Salvador*, qui s'y brisa en 1588. De Cherbourg à la Loire, ce sont des *falaises*, des *galets*, des *bancs de sable*, des *îlots rocheux*, de nombreuses et profondes découpures en *presqu'îles* et *baies*.

De la Loire à la Gironde, la côte est basse, découpée, sablonneuse, bordée de *prairies endiguées* (polders) et de *marais salants*. — De la Gironde à l'Adour, la côte est droite, ré-

---

[1] Ain. — [2] Rhône. — [3] Isère. — [4] Drôme. — [5] Ardèche. — [6] Vaucluse. — [7] Gard. — [8] Bouches-du-Rhône.

gulière, sans ports, et bordée d'une chaîne de *dunes* longue
de 250 kilom. et large de 2 à 8 kilom. Ces dunes de sable ont
jusqu'à 70 m. de hauteur : poussées par le vent d'ouest, elles
s'avançaient de 20 m. par année dans l'intérieur des terres ;
mais on les a fixées par des plantations de pins.

Le littoral de la Méditerranée, depuis le cap Cerbère jusqu'à Marseille, est bas, bordé de *lagunes* ou *étangs*, de *barres
sablonneuses*, d'*îles d'alluvion* (delta du Rhône) ; — de Marseille à Nice, il est élevé, montagneux, rocheux et creusé de
bons ports.

316. **Frontières maritimes.** — *Au point de vue de l'art militaire*, le littoral de la Manche, de l'Atlantique et de la Méditerranée forme de trois côtés les frontières maritimes de la
France. — Ces frontières sont défendues par une série de ports
fortifiés dont les principaux sont Cherbourg, Brest, Lorient,
Rochefort et Toulon, qui servent d'appui et de refuge à notre
flotte, et où sont établis les chantiers de construction, les arse
naux maritimes et les magasins.

317. **Frontières de terre.** — Les limites du N.-E., de l'E.
et du S.-O. de la France sont des *frontières de terre* ou *continentales :* la première est formée de plaines ou de collines ;
les deux autres, de montagnes.

Au point de vue des relations pacifiques et commerciales, qui
enrichissent les nations, les montagnes sont des obstacles. On
ne peut les franchir que par des dépressions appelées *cols* ou
passages dans les Alpes, *ports* dans les Pyrénées, et situées
parfois à une hauteur de 1.000 à 3.000 m.

Au point de vue de la guerre, les montagnes sont des rem-
parts naturels qui protégent contre l'invasion, et dont le génie
militaire assure la défense en construisant des forteresses sur
les passages accessibles aux armées.

Ainsi les *Pyrénées*, peu praticables dans leur partie cen-
trale, sont défendues à leurs extrémités par les places fortes de
Bayonne et Saint-Jean-Pied-de-Port, à l'O. ; Perpignan et
Mont-Louis, à l'E.

Les passages des *Alpes* ou les routes du mont Genèvre, du
mont Cenis, du Petit-Saint-Bernard, sont défendues par les
forteresses de Sisteron, Embrun, Briançon et Grenoble, s'appuyant sur la grande place de Lyon.

La frontière du *Jura*, moins élevée et plus accessible, est
défendue par les places de Dijon, de Besançon, Montbéliard,
Belfort et Langres. — Belfort ferme la large dépression de
Valdieu, ou *trouée de Belfort*, qui sépare le Jura des Vosges.

Notre frontière du N.-E., la plus vulnérable de toutes, est
couverte par les places de Dunkerque, Lille, Valenciennes,
Douai, Rocroy, Givet, Mézières, Sedan et Langres, s'appuyant
sur la grande place de Paris. Elle est protégée d'ailleurs par la
neutralité de la Belgique, tandis que la perte de Metz et de
Strasbourg laisse en ce moment (1875) sans défense, du côté
de l'Allemagne, tout l'espace compris entre Sedan et Belfort.

CHAPITRE II

GÉOGRAPHIE POLITIQUE

§ I. *Du peuple français*

318. La population absolue ou totale de la France est
de 37,000,000 d'habitants.

319. La superficie du pays étant de 530,000 kilom. c.,
sa population relative est d'environ 70 habitants par kilo-
mètre carré.

320. Langues. — La *langue française*, formée principalement du latin, est d'un usage général dans tout le pays. C'est
en même temps l'une des langues vivantes les plus cultivées à
l'étranger.

L'italien, le *flamand*, le *breton* et le *basque* sont aussi par-
lés dans quelques parties de la France.

321. Religion. — Les Français appartiennent à la *religion
catholique*; cependant il y a environ 600,000 *protestants calvi-
nistes* répandus surtout dans le Languedoc et la Charente, et
50,000 *israélites*.

§ II. *Les anciennes provinces*

322. Historique. — La France actuelle correspond à la
plus grande partie de la *Gaule*, qui s'étendait entre l'Océan,
les Pyrénées et les Alpes jusqu'au Rhin. Elle fut conquise
par César cinquante ans avant J.-C., et pendant cinq cents
ans elle fit partie de l'empire romain. — Au Vᵉ siècle, les
Francs s'en emparèrent sous la conduite de Clovis; mais la
Gaule ne prit le nom de France que vers le IXᵉ siècle, à la
suite du démembrement de l'empire de Charlemagne. — Par
suite du régime féodal, la France se couvrit d'un grand
nombre de fiefs ou souverainetés particulières, plus ou moins
indépendantes de la royauté, et nos rois mirent plus de huit
siècles pour étendre le domaine de la couronne jusqu'aux
frontières actuelles.

323. Formation du domaine royal. — Au Xᵉ siècle, à l'a-
vènement de Hugues Capet à la couronne de France, le domaine royal comprenait seulement l'*Ile-de-France*, l'*Orléanais*
et la *Picardie*, apanage particulier de ce prince.

Au XIIe siècle, — Philippe Ier acheta le *Berry*.

Au XIIIe siècle, — Philippe-Auguste conquit la *Touraine*, et confisqua la *Normandie* sous Jean sans Terre.

Saint Louis et Philippe le Hardi héritèrent du *Languedoc.*

Philippe le Bel acquit la *Champagne* par son mariage avec Jeanne de Navarre.

Philippe le Bel annexa le *Lyonnais.*

Au XIVe siècle, — Philippe VI obtint le *Dauphiné* par don du dernier de ses comtes, et acheta le comté de *Montpellier.*

Charles V conquit sur les Anglais le *Poitou*, l'*Aunis* et la *Saintonge.*

Au XVe siècle, — Charles VII conquit sur les Anglais la *Guyenne* et la *Gascogne.*

— Louis XI hérita de René d'Anjou du *Maine*, de l'*Anjou* et de la *Provence*, et il confisqua la *Bourgogne* et la *Picardie* sur Marie, héritière de Charles le Téméraire.

Au XVIe siècle, — François Ier confisqua sur le connétable de Bourbon le *Bourbonnais*, l'*Auvergne* et la *Marche*. — Il réunit par apanage l'*Angoumois*, et par mariage la *Bretagne.*

Henri IV réunit par apanage le *Béarn*, le *comté de Foix* et le *Limousin.*

Au XVIIe siècle, — Louis XIII et Louis XIV conquirent l'*Artois*, le *Roussillon*, la *Flandre française*, la *Franche-Comté* et l'*Alsace*

Louis XIV acheta en outre le *Nivernais.*

Au XVIIIe siècle, — Louis XV hérita de la *Lorraine*, à la mort de Stanislas Leczinski, et acheta la *Corse* aux Génois.

La Révolution annexa le *comtat d'Avignon*, enlevé au Pape.

Au XIXe siècle. — Napoléon III annexa la *Savoie* et le *comté de Nice*, cédés par l'Italie.

324. Tableau des provinces. — Avant 1789, la France comprenait 32 grandes provinces. Ces provinces étaient des divisions territoriales administrées par des intendants et séparées entre elles par des lignes de douanes intérieures. Leur administration n'était pas uniforme; chacune d'elles jouissait de priviléges particuliers.

325. Ces provinces sont aujourd'hui au nombre de 35, en y comprenant la Corse, le comtat Venaissin, la Savoie et le comté de Nice, acquises depuis 1789, et déduisant l'Alsace, perdue récemment. Les voici, rangées par ordre de position géographique.

1° AU NORD, l'*Ile-de-France*, capitale Paris ; — la *Picardie*, cap. Amiens ; — l'*Artois*, cap. Arras ; — la *Flandre française*, cap. Lille.

2° AU NORD-EST, la *Champagne*, cap. Troyes ; — la *Lorraine*, cap. Nancy.

3º Au nord-ouest, la *Normandie*, cap. Rouen ; — le *Maine*, cap. le Mans.

4º A l'ouest, la *Bretagne*, cap. Rennes ; — l'*Anjou*, cap. Angers ; — le *Poitou*, cap. Poitiers.

5º Au centre, l'*Orléanais*, cap. Orléans ; — la *Touraine*, cap. Tours ; — le *Berry*, cap. Bourges ; — le *Nivernais*, cap. Nevers ; — le *Bourbonnais*, cap. Moulins ; — la *Marche*, cap. Guéret ; — le *Limousin*, cap. Limoges ; — l'*Auvergne*, cap. Clermont.

6º Au sud-ouest, l'*Angoumois*, cap. Angoulême ; — l'*Aunis*, cap. la Rochelle, avec la *Saintonge*, cap. Saintes ; — la *Guyenne*, cap. Bordeaux, avec la *Gascogne*, cap. Auch ; — le *Béarn*, cap. Pau.

7º Au sud, le *comté de Foix*, cap. Foix ; — le *Roussillon*, cap. Perpignan ; — le *Languedoc*, cap. Toulouse.

8º A l'est, le *Lyonnais*, cap. Lyon ; — la *Bourgogne*, cap. Dijon ; — la *Franche-Comté*, cap. Besançon.

9º Au sud-est, la *Savoie*, cap. Chambéry ; — le *Dauphiné*, cap. Grenoble ; — le *Comtat*, cap. Avignon ; — la *Provence*, cap. Aix ; — le *comté de Nice*, cap. Nice ; — la *Corse*, cap. Bastia.

326. Départements. — *Origine et but de la division en départements.* La division de la France en départements fut établie, en 1790, par l'Assemblée constituante, dans le but de rendre uniforme l'administration du pays, en faisant disparaître les traditions et les privilèges des provinces.

Le *nombre* de nos départements, qui était de 89 avant la perte du Haut-Rhin, du Bas-Rhin et de la Moselle, en 1871, est actuellement de 86.

Le tableau suivant les indique avec leur chef-lieu et leurs sous-préfectures, et donne en même temps la concordance de cette nouvelle division avec les anciennes provinces 1.

---

1 Dans le cas où un département est formé aux dépens de plusieurs provinces, il est attribué à la province qui en a fourni la plus grande partie.

Pour faciliter l'étude de ce tableau, les départements sont groupés en 9 grandes régions, désignées suivant leur orientation par rapport au centre du pays : *régions du* Nord, *du* N.-E., *du* N.-O., *de l'*Ouest, *du* Centre, *du* S.-O., *du* Sud, *de l'*Est *et du* S.-E.

En outre, les régions, les provinces et les départements se suivent, autant que possible, dans l'ordre des bassins fluviaux. Il a paru convenable toutefois de commencer par la région du Nord, qui renferme la capitale de la France.

§ III. *Tableau des Départements*

§ I. Région du NORD

ILE-DE-FRANCE, 5 départements.

1. **Seine**, chef-lieu *Paris*; sous-préfectures, Saint-Denis, Sceaux.
2. **Seine-et-Oise**, ch.-l. *Versailles*; s.-p. Corbeil, Étampes, Mantes, Pontoise, Rambouillet.
3. **Seine-et-Marne**, ch.-l. *Melun*; s.-pr. Coulommiers, Fontainebleau, Meaux, Provins.
4. **Oise**, ch.-l. *Beauvais*; s.-pr. Clermont, Compiègne, Senlis.
5. **Aisne**, ch.-l. *Laon*; s.-p. Château-Thierry, Saint-Quentin, Soissons, Vervins.

PICARDIE, 1 département.

— **Somme**, ch.-l. *Amiens*; s.-pr. Abbeville, Doullens, Montdidier, Péronne.

ARTOIS, 1 département.

— **Pas-de-Calais**, ch.-l. *Arras*; s.-pr. Béthune, Boulogne, Montreuil, Saint-Omer, Saint-Pol.

FLANDRE, 1 département.

— **Nord**, ch.-l. *Lille*; s.-pr. Avesnes, Cambrai, Douai, Dunkerque, Hazebrouck, Valenciennes.

§ II. Région du NORD-EST

CHAMPAGNE, 4 département.

1. **Aube**, ch.-l. *Troyes*; s.-pr. Arcis-sur-Aube, Bar-sur-Aube, Bar-sur-Seine, Nogent-sur-Seine.
2. **Haute-Marne**, ch.-l. *Chaumont*; s.-pr. Langres, Vassy.
3. **Marne**, ch.-l. *Châlons-sur-Marne*; s.-pr. Epernay, Sainte-Menehould, Reims, Vitry-le-Français.
4. **Ardennes**, ch.-l. *Mézières*; s.-pr. Rethel, Rocroi, Sedan, Vouziers.

LORRAINE, 3 départements.

1. **Meuse**, ch.-l. *Bar-le-Duc*; s.-pr. Commercy, Montmédy, Verdun.
2. **Vosges**, ch.-l. *Épinal*; s.-pr. Saint-Dié, Mirecourt, Neufchâteau, Remiremont.
3. **Meurthe-et-Moselle**, ch.-l. *Nancy*; s.-p. Briey, Lunéville, Toul.
— **Moselle**, ch.-l. *Metz*.— Département cédé à l'Allemagne.

ALSACE, 2 DÉPARTEMENTS
Cédée à l'Allemagne, 1871.

— HAUT-RHIN, ch.-l. *Colmar*.
— BAS-RHIN, ch.-l. *Strasbourg*.

L'arrondissement de **Belfort**, conservé à la France, forme provisoirement un territoire distinct.

§ III. Région du NORD-OUEST

NORMANDIE, 5 départements.

1. **Seine-Inférieure**, ch.-l. *Rouen*; s.-pr. Dieppe, le Havre, Neufchâtel, Yvetot.
2. **Eure**, ch.-l. *Évreux*; s.-pr. les Andelys, Bernay, Louviers, Pont-Audemer.
3. **Calvados**, ch.-l. *Caen*; s.-pr. Bayeux, Falaise, Lisieux, Pont-l'Évêque, Vire.
4. **Manche**, ch.-l. *Saint-Lô*; s.-pr. Avranches, Cherbourg, Coutances, Mortain, Valognes.
5. **Orne**, ch.-l. *Alençon*; s.-p. Argentan, Domfront, Mortagne.

MAINE, 2 départements.

1. **Sarthe**, ch.-l. *le Mans*; s.-pr. Saint-Calais, la Flèche, Mamers.
2. **Mayenne**, ch.-l. *Laval*; s.-pr. Château-Gonthier, Mayenne.

§ IV. Région de l'OUEST

BRETAGNE, 5 départements.

1. **Ille-et-Vilaine**, ch.-l. *Rennes*; s.-pr. Fougères, Saint-Malo, Montfort, Redon, Vitré.
2. **Côtes-du-Nord**, ch.-l. *Saint-Brieuc*; s.-pr. Dinan, Guingamp, Lannion, Loudéac.
3. **Finistère**, ch.-l. *Quimper*; s.-pr. Brest, Châteaulin, Morlaix, Quimperlé.
4. **Morbihan**, ch.-l. *Vannes*; s.-pr. Lorient, Ploërmel, Pontivy.
5. **Loire-Inférieure**, ch.-l. *Nantes*; s.-pr. Ancenis, Châteaubriand, Paimbœuf, Saint-Nazaire.

ANJOU, 1 département.

— **Maine-et-Loire**, ch.-l. *Angers*; s.-p. Baugé, Cholet, Saumur, Segré.

POITOU, 3 départements.

1. **Vendée**, ch.-l. *la Roche-sur-Yon*; s.-pr. Fontenay-le-Comte, les Sables-d'Olonne.
2. **Deux-Sèvres**, ch.-l. *Niort*; s.-pr. Bressuire, Melle, Parthenay.

4. **Vienne**, ch.-l. *Poitiers;* s.-pr. Châtellerault, Civray, Loudun, Montmorillon.

§ V. Région du CENTRE

ORLÉANAIS, 3 départements.

1. **Loiret**, ch.-l. *Orléans;* s.-pr. Gien, Montargis, Pithiviers.

2. **Eure-et-Loir**, ch.-l. *Chartres;* s.-pr. Châteaudun, Dreux, Nogent-le-Rotrou.

3. **Loir-et-Cher**, ch.-l. *Blois;* s.-pr. Romorantin, Vendôme.

TOURAINE, 1 département.

— **Indre-et-Loire**, ch.-l. *Tours;* s.-pr. Chinon, Loches.

BERRI, 2 départements.

1. **Indre**, ch.-l. *Châteauroux;* s.-pr. le Blanc, la Châtre, Issoudun.

2. **Cher**, ch.-l. *Bourges;* s.-pr. Saint-Amand, Sancerre.

NIVERNAIS, 1 département.

— **Nièvre**, ch.-l. *Nevers;* s.-pr. Château-Chinon, Clamecy, Cosne.

BOURBONNAIS, 1 département.

— **Allier**, ch.-l. *Moulins;* s.-pr. Gannat, Montluçon, la Palisse.

MARCHE, 1 département.

— **Creuse**, ch.-l. *Guéret;* s.-pr. Aubusson, Bourganeuf, Boussac.

LIMOUSIN, 2 départements.

1. **Haute-Vienne**, ch.-l. *Limoges;* s.-pr. Bellac, Rochechouart, Saint-Yrieix.

2. **Corrèze**, ch.-l. *Tulle;* s.-pr. Brives-la-Gaillarde, Ussel.

AUVERGNE, 2 départements.

1. **Puy-de-Dôme**, ch.-l. *Clermont-Ferrand;* s.-pr. Ambert, Issoire, Riom, Thiers.

2. **Cantal**, ch.-l. *Aurillac;* s.-pr. Saint-Flour, Mauriac, Murat.

§ VI. Région du SUD-OUEST

ANGOUMOIS, 1 département.

— **Charente**, ch.-l. *Angoulême;* s.-pr. Barbezieux, Cognac, Confolens, Ruffec.

AUNIS ET SAINTONGE, 1 département.

— **Charente-Inférieure**, ch.-l. *la Rochelle;* s.-pr. Saint-Jean-d'Angely, Jonzac, Marennes, Rochefort, Saintes.

GUYENNE, 6 départements.

1. Gironde, ch.-l. *Bordeaux*; s.-pr. Bazas, Blaye, Lesparre, Libourne, la Réole.

2. Dordogne, ch.-l. *Périgueux*; s.-pr. Bergerac, Nontron, Ribérac, Sarlat.

3. Lot, ch.-l. *Cahors*; s.-pr. Figeac, Gourdon.

4. Aveyron, ch.-l. *Rodez*; s.-pr. Saint-Affrique, Espalion, Milhau, Villefranche.

5. Lot-et-Garonne, ch.-l. *Agen*; s.-pr. Marmande, Nérac, Villeneuve-sur-Lot (ou Villeneuve-d'Agen).

6. Tarn-et-Garonne, ch.-l. *Montauban*; s.-pr. Castel-Sarrasin, Moissac.

GASCOGNE, 3 départements.

1. Gers, ch.-l. *Auch*; s.-pr. Condom, Lectoure, Lombez, Mirande.

2. Landes, ch.-l. *Mont-de-Marsan*; s.-pr. Dax, Saint-Sever.

3. Hautes-Pyrénées, ch.-l. *Tarbes*; s.-pr. Argelès, Bagnères-de-Bigorre.

BÉARN, 1 département.

— **Basses-Pyrénées**, ch.-l. *Pau*; s.-pr. Bayonne, Mauléon, Oloron, Orthez.

§ VII. Région du SUD

COMTÉ DE FOIX, 1 département.

— **Ariége**, ch.-l. *Foix*; s.-pr. Saint-Girons, Pamiers.

ROUSSILLON, 1 département.

— **Pyrénées-Orientales**, ch.-l. *Perpignan*; s.-pr. Céret, Prades.

LANGUEDOC, 8 départements.

1. Haute-Garonne, ch.-l. *Toulouse*; s.-pr. Saint-Gaudens, Muret, Villefranche.

2. Tarn, ch.-l. *Albi*; s.-pr. Castres, Gaillac, Lavaur.

3. Aude, ch.-l. *Carcassonne*; s.-pr. Castelnaudary, Limoux, Narbonne.

4. Hérault, ch.-l. *Montpellier*; s.-pr. Béziers, Lodève, Saint-Pons.

5. Gard, ch.-l. *Nîmes*; s.-pr. Alais, Uzès, le Vigan.

6. Ardèche, ch.-l. *Privas*; s.-pr. Largentière, Tournon.

7. Lozère, ch.-l. *Mende*; s.-pr. Florac, Marvejols.

8. Haute-Loire, ch.-l. *le Puy*; s.-pr. Brioude, Yssingeaux.

§ VIII. Région de l'EST

LYONNAIS, 2 départements.

1. Rhône, ch.-l. *Lyon*; s.-pr. Villefranche.

2. Loire, ch.-l. *Saint-Étienne*; s.-pr. Montbrison, Roanne,

BOURGOGNE, 4 départements.

1. Ain, ch.-l. *Bourg ;* s.-pr. Belley, Gex, Nantua, **Trévoux.**
2. Saône-et-Loire, ch.-l. *Mâcon ;* s.-pr. Autun, **Châlon-sur-**Saône, Charolles, Louhans.
3. Côte-d'Or, ch.-l. *Dijon ;* s.-pr. Beaune, Châtillon-sur-Seine, Semur.
4. Yonne, ch.-l. *Auxerre ;* s.-pr. Avallon, Joigny, **Sens,** Tonnerre.

FRANCHE-COMTÉ, 3 départements.

1. Haute-Saône, ch.-l. *Vesoul ;* s.-pr. Gray, Lure.
2. Doubs, ch.-l. *Besançon ;* s.-pr. Baume, Montbéliard, **Pon**tarlier.
3. Jura, ch.-l. *Lons-le-Saunier;* s.-pr. Saint-Claude, Dôle-Poligny.

§ IX. Région du SUD-EST

SAVOIE, 2 départements.

1. Haute-Savoie, ch.-l. *Annecy;* s.-pr. Bonneville, Saint-Julien, Thonon.
2. Savoie, ch.-l. *Chambéry;* s.-pr. Albertville, **Saint-Jean-**de-Maurienne, Moutiers.

DAUPHINÉ, 3 départements

1. Isère, ch.-l. *Grenoble ;* s.-pr. Saint-Marcellin, la Tour-du-Pin, Vienne.
2. Drôme, ch.-l. *Valence ;* s.-pr. Die, Montélimar, Nyons.
3. Hautes-Alpes, ch.-l. *Gap ;* s.-pr. Briançon, Embrun.

COMTAT VENAISSIN, 1 département.

— **Vaucluse**, ch.-l. *Avignon ;* s.-pr. Apt, Carpentras, Orange.

PROVENCE ET NICE, 4 départements.

1. Bouches-du-Rhône, ch.-l. *Marseille;* s.-pr. Aix, **Arles.**
2. Var, ch.-l. *Draguignan ;* s.-pr. Brignoles, Toulon.
3. Basses-Alpes, ch.-l. *Digne;* s.-pr. Barcelonnette, **Castel**lane, Forcalquier, Sisteron.
4. Alpes-Maritimes, ch.-l. *Nice ;* s.-pr. Grasse, **Puget-**Théniers.

CORSE, 1 département.

— **Corse**, ch.-l. *Ajaccio ;* s.-pr. Bastia, Calvi, Corté, **Sartène.**

ALGÉRIE, 3 départements.

Le département d'**Alger**, ch.-l. *Alger ;* s.-pr. Orléansville, Milianah, Tizi-Ouzou.
Le département de **Constantine**, ch.-l. *Constantine;* s.-pr. Bône, Bougie, Guelma, Philippeville, Sétif.
Le département d'**Oran**, ch.-l. *Oran ;* s.-pr. Mascara, Mostaganem, Sidi-bel-Abbès, Tlemcen.

CHAPITRE III

GÉOGRAPHIE ADMINISTRATIVE

327. Gouvernement. — La France est une *république*. Il y a deux Chambres législatives : le *Sénat* et la *Chambre des députés*. — Le *Président de la République* gouverne avec le concours de *Ministres* de son choix.

Divisions administratives. — Pour faciliter l'administration d'un pays, on établit diverses sortes de *divisions territoriales*, dont les principales sont, en France : 1° la division *administrative* proprement dite ou division *civile*, 2° la division *judiciaire*, 3° la division *militaire*, 4° la division *maritime*, 5° la division *financière*, 6° la division *académique*, 7° la division *ecclésiastique*.

§ I. *Division administrative*

328. Sous le rapport de l'administration civile, la France est divisée en 86 *départements*, subdivisés en *arrondissements*, en *cantons* et en *communes*.

329. Un **département** est une circonscription territoriale administrée par un préfet.

Le *préfet*, nommé par le chef du gouvernement, est assisté d'un conseil de préfecture, et il administre sous le contrôle d'un conseil général.

330. Un **arrondissement** est la première subdivision d'un département, ayant un administrateur particulier appelé sous-préfet. L'arrondissement de la préfecture est administré directement par le préfet.

Le *sous-préfet* est subordonné au préfet. Il est assisté d'un conseil d'arrondissement.

331. Un **canton** est une subdivision d'arrondissement et comprend un certain nombre de communes.

332. Une **commune** est une subdivision territoriale du canton, administrée par un maire.

Le *maire* de la commune est assisté d'un ou de plusieurs adjoints, et d'un conseil municipal.

333. Les villes de Paris et de Lyon ont une administration particulière. Le préfet du département y remplit les fonctions de maire pour toute la commune ; mais celle-ci se divise en arrondissements urbains, ayant chacun leur maire spécial avec plusieurs adjoints. Paris a 20 arrondissements, et Lyon en a 6.

§ II. *Division judiciaire*

334. Sous le rapport judiciaire, la France comprend les *justices de paix,* — les *tribunaux de première instance,* — les *tribunaux de commerce,* — les *cours d'appel,* — les *cours d'assises,* — la *cour de cassation.*

335. Le **tribunal de justice de paix**, établi au chef-lieu de chaque canton, prononce sur les affaires de peu d'importance : il concilie les parties et apaise les différends. Il forme le premier degré de juridiction, comme tribunal de police.

336. Le **tribunal de première instance**, établi dans chaque arrondissement, prononce sur les matières civiles et de police correctionnelle.

337. La **cour d'appel** est un tribunal supérieur qui prononce sur les oppositions formées contre les jugements rendus par les tribunaux de première instance et de commerce.

338. Les **cours d'assises** sont des tribunaux temporaires qui prononcent sur des affaires criminelles, avec le concours d'un jury. — Elles se tiennent quatre fois l'année, ordinairement au chef-lieu du département. Le jury se prononce sur la culpabilité, et les magistrats appliquent la loi.

339. La **cour de cassation**, siégeant à Paris, est le tribunal suprême, chargé de maintenir l'uniformité de la jurisprudence dans tout le pays.

§ III. *Division militaire, ecclésiastique, etc.*

340. Division militaire. — Le territoire de la France est divisé, pour l'organisation de l'armée active et de l'armée territoriale, en 18 *régions* et en *subdivisions de régions.* — L'Algérie forme une 19e région.

Les chefs-lieux ou quartiers généraux des 18 régions militaires sont : 1. Lille, 2. Amiens, 3. Rouen, 4. Le Mans, 5. Orléans, 6. Châlons-sur-Marne, 7. Besançon, 8. Bourges, 9. Tours, 10. Rennes, 11. Nantes, 12. Limoges, 13. Clermont, 14. Grenoble, 15. Marseille, 16. Montpellier, 17. Toulouse, 18. Bordeaux.

Paris et Lyon ont une organisation militaire spéciale.

Chaque région est occupée par un corps d'armée qui y tient garnison.

341 Places fortes. Les frontières continentales de la France sont défendues par plusieurs places fortes, dont les principales sont :

Au nord, Lille, Douai, Valenciennes, Givet, Mézières et **Sedan**;

A l'est, Langres, Belfort, Dijon, Besançon, Lyon et Grenoble;

Au sud, Perpignan et Bayonne (n° 317).

342. Division maritime. — Les côtes de la France forment 5 *arrondissements maritimes*, dont les chefs-lieux sont les grands ports militaires.

Cherbourg commande la côte depuis Dunkerque jusqu'à la baie de Saint-Malo.

Brest commande depuis la baie de Saint-Malo jusqu'à la pointe de Penmarch.

Lorient commande depuis la pointe de Penmarch jusqu'à l'embouchure de la Loire.

Rochefort commande depuis la Loire jusqu'aux Pyrénées.

Toulon commande toute la côte de la Méditerranée.

343. Division financière. — Pour la perception des revenus publics, chaque arrondissement forme une recette particulière et chaque département une recette générale, en rapport avec la caisse centrale du Trésor public à Paris.

Une *cour des comptes*, siégeant à Paris, vérifie l'emploi des fonds du gouvernement.

344. Division académique. — Pour l'administration de l'instruction publique, la France est divisée en seize académies ou circonscriptions territoriales dont les établissements, qui dépendent de l'Université, sont régis par un recteur.

345. Division ecclésiastique. — Pour l'administration du culte catholique, la France est divisée en 84 *diocèses*, ou portions de territoire soumises à la juridiction spirituelle d'un archevêque ou d'un évêque.

Il y a, en France, 67 évêchés et 17 archevêchés.

L'Algérie et les colonies comptent en outre 5 évêchés et 1 archevêché.

CHAPITRE IV

AGRICULTURE

346. Régions agricoles. — Les diverses régions de la France, considérées au point de vue de l'altitude et de l'agriculture, se résument en trois catégories :

1º Les *régions de montagnes*, où dominent les roches nues, les forêts et les pâturages secs ;

2º Les *régions de plateaux*, où les pâturages et les bruyères alternent avec les cultures de seigle et de sarrasin ;

3º Les *régions de plaines* et de vallées, où dominent les prairies abondantes et les riches cultures de froment et de plantes industrielles.

347. Zones de culture. — On divise la France en *quatre zones* spéciales, d'après les cultures de l'olivier, du maïs, de la vigne et du pommier à cidre. Leurs limites sont orientées du S.-O. au N.-E.

1º La *zone de l'olivier*, correspondant au climat méditerranéen, a pour limite septentrionale une ligne qui va de Carcassonne à Privas et à Digne. — Elle renferme la petite *zone de l'oranger*, située entre Toulon et Nice.

2º La *zone du maïs* commence également à la Méditerranée et se termine au nord par une ligne qui va de l'embouchure de la Gironde vers Strasbourg. — Elle renferme la *zone du mûrier*, qui s'arrête à l'est du plateau central.

3º La *zone de la vigne* s'étend de la Méditerranée jusqu'à une ligne dirigée de Saint-Nazaire à Mézières.

4º La *zone du pommier à cidre* comprend le reste du pays, depuis la limite septentrionale de la vigne jusqu'à la Manche.

348. Végétaux. — Les principaux produits végétaux de l'agriculture française sont : la vigne, le froment, le seigle, le maïs, l'orge, l'avoine, la pomme de terre, la betterave, le tabac, les plantes textiles, oléagineuses et tinctoriales, et les arbres fruitiers.

349. Les vignobles. — La vigne est la richesse agricole caractéristique du sol français.

La production des vins comprend six groupes principaux : la Bourgogne, la Champagne, le Bordelais, la Charente, le Rhône, le Midi et le Centre.

350. Les boissons. — Le *vin* est la boisson ordinaire dans le midi et dans le centre de la France, jusqu'à Paris. Dans les provinces du N.-O., il est remplacé par le *cidre*, qui est le produit de la fermentation du jus de pommes. Dans les provinces du N.-E., il est remplacé par la *bière*, boisson fermentée préparée avec de l'orge, et à laquelle on ajoute la fleur du houblon comme moyen de conservation.

351. Céréales. — Le *froment* est la céréale qui nous donne le meilleur pain ; il est cultivé dans presque toute la France, particulièrement dans les régions du Nord, dans la Beauce, la Brie, etc.

Le *seigle* et le *sarrasin* suppléent au froment dans les pays pauvres ou sablonneux, surtout en Bretagne et sur le plateau central.

Le *maïs*, excellent pour le bétail, est très cultivé surtout dans les bassins de la Garonne et de la Saône.

L'*orge*, dont on fait la bière, et l'*avoine*, qui constitue la meilleure nourriture des chevaux, se cultivent surtout dans le Nord et le Nord-Est.

352. La *betterave* se cultive en grand dans les départements du nord pour la fabrication du sucre et de l'alcool.

Les *plantes textiles* sont en France le *lin* et le *chanvre*, dont l'écorce fournit la filasse ou les fibres propres à la filature, et dont les graines sont oléagineuses.

Les *plantes oléagineuses*, dont la graine donne de l'huile, sont le lin, le chanvre, le colza, la navette, l'œillette ou pavot noir.

Les *plantes tinctoriales*, qui donnent des sucs colorants, sont : la *garance* (teinture rouge), le *safran* et la *gaude* (teinture jaune), le *tournesol* (teinture bleue).

353. Les arbres fruitiers les plus importants sont : l'*olivier*, le *citronnier*, l'*oranger*, le *figuier*, le *châtaignier*, le *pommier*, le *prunier*, le *pêcher*, l'*abricotier*, le *mûrier*.

Les **forêts** se trouvent dans les Vosges, l'Argonne, l'Ardenne, le Jura, les Pyrénées.

354. Animaux. — Les principaux animaux domestiques sont, en France, le cheval, l'âne, le mulet, le bœuf et la vache, le mouton, la chèvre, le porc, les poules, les oies, les abeilles et le ver à soie.

Les *animaux domestiques* aident à l'homme dans son travail ; ils lui donnent la viande, le lait, le beurre, le fromage, la graisse, le cuir, la laine. En outre, ils fertilisent la terre par leur fumier : les régions du Nord, les mieux cultivées et les plus herbagères, sont aussi les plus riches en bétail.

355. Le **cheval** est d'un entretien coûteux, mais il rend de nombreux services. Les races principales sont les chevaux boulonnais, normands, percherons, bretons, limousins, ardennais, etc.

Les ânes et les mulets les plus estimés sont ceux des Pyrénées et du Poitou.

356. Le **bœuf** et la **vache** donnent les produits les plus variés. Les races de trait sont surtout dans les montagnes du centre; les races laitières et de boucherie sont celles des prairies grasses du N.-O. et de l'E. : Normandie, Charolais, etc.

Paris offre un immense débouché à cette production.

Le **mouton**, qui nous donne la laine, s'élève en troupeaux nombreux dans le Nord et dans le centre; les races mérinos, à laine fine, se trouvent surtout dans le bassin de la Seine. — Beaucoup de *brebis* et de *chèvres* sont élevées pour le lait et le fromage dans les pays de montagnes.

357. Le **ver à soie** est une grosse chenille non velue qui se nourrit de la feuille du mûrier et produit la soie en cocons. On l'élève surtout dans la vallée du Rhône.

358. **Marchés agricoles.** — Les *grands marchés agricoles* sont généralement établis au centre des pays de production, ou dans les villes importantes par leur consommation.

Paris et ses environs ont des marchés pour tous les genres de produits.

Pour les *grains*, Lille, Arras, Rouen, Corbeil, Chartres, Meaux, Melun, Dijon, Lyon, Limoges, Toulouse, et la plupart des grandes villes.

Dans les années où la production nationale est insuffisante, Marseille, Cette, le Havre, importent les blés de Russie, de Pologne, de Hongrie, les farines d'Amérique.

Pour les *graines oléagineuses*, Cambrai, Douai, Arras, Lille.

Pour les *huiles*, Paris, Lille (huiles de colza et de lin), Marseille, Aix et Nice (huile d'olive).

Pour le *lin* et le *chanvre*, Lille, le Mans, Angers, Briançon.

Pour les *chevaux*, Caen et Falaise (Calvados), Chartres.

Pour les *mulets*, Poitiers, Niort et Melle.

Pour les *bœufs*, la Villette (Paris), Lille, Rouen.

Pour les *moutons*, le Blanc (Indre), Montargis (Loiret).

CHAPITRE V

INDUSTRIE

359. Produits industriels. — Les principaux produits de l'industrie française peuvent se grouper de la manière suivante :

1º Les produits des *carrières :* les ardoises, les marbres, la pierre de taille, le plâtre, la craie, le sel, etc.

2º Les produits des *mines :* la tourbe et la houille, abondantes surtout dans le Nord, le fer, le plomb, etc.

3º Les produits des *usines :* les machines à vapeur, les locomotives, les navires en fer, les fusils, les armes blanches, les canons, les couteaux.

4º Les *tissus,* comprenant : les cotons, les toiles de lin et de chanvre, les draps et les lainages, les soieries, etc.

5º Les *articles de toilette et d'ameublement :* les vêtements, les chaussures, les chapeaux, les meubles, les horloges, les glaces, les porcelaines, les papiers et les instruments de tout genre.

360. Houille. — Les principaux *bassins houillers* sont :

1º *Dans le Nord,* le bassin de Valenciennes et d'Anzin (Nord), prolongement du grand bassin belge de la Sambre et de la Meuse, le plus riche du continent;

2º *Dans le centre,* les bassins du Creuzot et de Saint-Étienne Loire);

3º *Dans le Sud,* le bassin d'Alais et la Grand'Combe (Gard).

361. Fer. — Les départements les plus riches en minerais de fer sont : la Haute-Marne, la Haute-Saône, le Nord, la Côte-d'Or, le Cher, la Nièvre.

362. Métallurgie. — Les principaux *produits en fer* sont les *machines à vapeur,* les *métiers* à tisser, les *locomotives,* les *machines* de tous genres, sortant des usines de Paris, Lyon, Saint-Étienne, Saint-Chamond, Rive-de-Gier, le Creuzot, Lille, Saint-Quentin, Elbeuf;

Les *navires en fer,* des chantiers de Toulon, de Marseille, du Havre, d'Indret, près de Nantes;

Les *fusils* et les *armes blanches* de Saint-Étienne, de Tulle, de Châtellerault;

Les *canons* de Rive-de-Gier, de Bourges, de Nevers, de Tarbes ;

Les *couteaux* de Langres, de Châtellerault, de Thiers.

363. Cotons. — Les centres de *fabrication de cotonnades* sont :

1° *Dans le Nord*, Saint-Quentin, Amiens et Lille ;

2° *Dans la Normandie*, Rouen, Evreux ;

3° *Dans le centre*, Tarare et Villefranche, Roanne, Vichy.

364. Toiles. — Les centres de *fabrication de toiles* sont :

1° *En Flandre et en Picardie*, où domine le lin, Lille, Valenciennes, Amiens, Abbeville, Saint-Quentin ;

2° *Dans la Normandie et le Maine*, où domine le chanvre, Lisieux, Alençon, Vimoutiers, le Mans, Laval, Angers, Cholet.

Alençon, Bayeux, Caen et le Puy fabriquent des *dentelles ;* Nancy, des *broderies* renommées.

365. Lainages. — Les centres de *fabrication de lainages* sont :

1° *Dans le Nord-Ouest*, Elbeuf, Louviers et Vire ;

2° *Dans le Nord*, Roubaix, Tourcoing, Abbeville ;

3° *Dans le Nord-Est*, Sedan, Reims et Nancy ;

4° *Dans le Sud*, Mende, Carcassonne et Castres.

On remarque les *châles* de Paris, de Lyon et de Nîmes ; — les *tapis* des Gobelins (Paris), d'Aubusson (Creuse) et de Beauvais.

366. Soieries. — Les *soieries façonnées* ou à dessins, les étoffes brochées d'or et d'argent de Lyon, les *rubans* et les *velours* de Saint-Étienne sont renommés dans le monde entier. Nîmes et Arles sont les autres centres de production.

367. Objets d'ameublement. — Les *meubles* et les *bronzes d'art* de Paris ;

Les *horloges* de Besançon et du Jura ;

Les *glaces* de Saint-Gobain, de Cirey (Meurthe-et-Moselle), de Montluçon (Allier) ;

Les *cristaux* de Baccarat (Meurthe-et-Moselle) ;

Les *porcelaines fines* de Sèvres, de Limoges, de Bayeux ;

Les *papiers peints* de Paris ;

Les *papiers* d'Angoulême et d'Annonay.

368. Centres manufacturiers. — Les principaux centres manufacturiers de la France sont :

1° *Paris*, qui est le centre industriel de production et de consommation le plus actif du continent. Sa fabrication embrasse tous les genres de produits et atteint une valeur égale au quart de la fabrication de la France entière.

2° *Lyon*, par ses soieries, et *Saint-Étienne*, par ses houilles et ses produits métallurgiques, forment le second centre manufacturier de la France.

3° *Lille, Roubaix, Tourcoing*, par leurs tissus, les nombreux villages de la Flandre, par leurs cultures industrielles, *Valenciennes*, par ses houilles et ses fers, forment le 3° centre.

En 1871, nous avons perdu Mulhouse, Strasbourg et Metz, qui constituaient alors notre 4e centre industriel.

4° *Rouen, Elbeuf* et leurs environs, par leurs tissus, le *Havre*, par son industrie navale, forment actuellement le 4° centre.

5° *Marseille* forme le 5e centre manufacturier.

6° Viennent ensuite, sans ordre bien déterminé : *Bordeaux, Toulouse, Nantes, Amiens, Reims, Sedan* avec *Charleville, Nancy, Besançon, le Creuzot, Alais* et la *Grand'Combe, Toulon*, etc.

CHAPITRE VI

COMMERCE

Voies de communication

369. Les voies de communication servant au transport des marchandises sont les *routes*, les *chemins de fer*, les *rivières* et *canaux navigables* et la *navigation maritime*.

370. **Routes.** — On distingue les routes nationales, les routes départementales et les chemins vicinaux.

1° Les *routes nationales* sont de grandes voies de communication entretenues aux frais de l'État.

2° Les *routes départementales* sont entretenues par les départements qu'elles traversent.

3° Les *chemins vicinaux* sont établis et entretenus par les communes intéressées.

371. **Chemins de fer.** — La France a six grands *réseaux* de chemins de fer qui appartiennent à des compagnies différentes, et dont 5 partent de Paris. Ils se relient aux frontières avec les chemins de fer étrangers.

1° Le réseau de l'OUEST comprend :
La ligne de *Paris à Brest*, par Versailles, Chartres, le Mans, Laval, Rennes et Saint-Brieuc ;
La ligne de *Paris à Cherbourg*, par Mantes et Caen ;
La ligne de *Paris au Havre*, par Mantes et Rouen.

2° Le réseau du NORD comprend :
La ligne de *Paris à Calais*, par Amiens et par Arras u Boulogne ;
La ligne de *Paris à Dunkerque*, par Arras et Lille ;
La ligne de *Paris à Bruxelles*, par Saint-Quentin et Mons, et à *Cologne*, par Namur et Liége.

3° Le réseau de l'EST comprend :
La ligne de *Paris à Strasbourg*, par Châlons-sur-Marne, Bar-le-Duc et Nancy ;
La ligne de *Paris à Mulhouse*, par Troyes, Chaumont, Vesoul et Belfort.

4° Le réseau de PARIS-LYON-MÉDITERRANÉE comprend :

La ligne de *Bourgogne*, ou de Paris à Lyon, par Melun, Dijon et Mâcon ;

La ligne du *Bourbonnais*, de Paris à Fontainebleau, Nevers, Moulins et Lyon, avec embranchement de Saint-Germain-la-Feuille sur Clermont et Nîmes ;

La ligne de *Lyon à la Méditerranée*, ou de Lyon à Valence, Avignon, Marseille, Toulon et Nice ;

Les lignes de Lyon à Saint-Étienne et le Puy, — de Lyon à Genève, — de Lyon à Chambéry et à Grenoble.

5° Le réseau d'ORLÉANS comprend :

La ligne de *Paris à Nantes*, par Vendôme, Tours et Angers, avec prolongement de Nantes sur Vannes, Quimper et Brest ;

La ligne de *Paris à Bordeaux*, par Orléans, Tours, Poitiers et Angoulême ;

La ligne du *Centre*, d'Orléans à Châteauroux, Limoges, Périgueux et Agen.

6° Le réseau du MIDI comprend :

La ligne de *Bordeaux à Cette*, par Agen, Montauban, Toulouse et Carcassonne ;

La ligne de Bordeaux à Bayonne, Pau et Tarbes ;

La ligne de Narbonne à Perpignan.

372. Canaux. — Un canal est une rivière artificielle faite par les hommes pour les besoins de la navigation [1].

---

[1] Les *canaux*, de même que les *rivières canalisées*, sont généralement divisés en plusieurs sections appelées *biefs* et séparées par des *écluses*.

D'un bief à l'autre la différence de niveau de l'eau est de 2 à 3 mètres, de sorte que les biefs se succèdent comme les marches d'un escalier.

L'*écluse* est une sorte de bassin (ou *sas*) fermé de deux doubles portes, dont l'une, celle d'amont, communique avec le bief supérieur, et l'autre, celle d'aval, communique avec le bief inférieur. — Lorsque le bateau veut remonter le canal, par exemple, on ouvre d'abord la porte d'aval, pour mettre le bief inférieur en communication avec l'écluse où le bateau entre ; puis on ferme cette porte d'aval, et l'écluse se remplit d'eau de manière à élever le bateau au niveau du bief supérieur, dans lequel on le fait parvenir ensuite en ouvrant la porte d'amont. Une manœuvre inverse se fait pour la descente.

Le canal du Midi franchit ainsi la ligne de partage qui sépare les versants de l'Océan et de la Méditerranée. Le bief de partage est situé en travers du col de Naurouze, à 190ᵐ d'altitude ; la pente du canal jusqu'à Cette (190ᵐ) est rachetée par 73 écluses, de 2ᵐ50 de chute en moyenne ; la pente sur Toulouse (190 — 130 = 60) est rachetée par 26 écluses. (Voir la figure, p. 12, du cahier cartographique n° 2.)

Les *canaux de jonction* unissent les bassins fluviaux et les mers de France.

ENTRE SEINE ET ESCAUT. — Le canal de *Saint-Quentin* va de Chauny sur l'Oise à Saint-Quentin sur la Somme et à Cambrai sur l'Escaut ; il est prolongé par les *canaux de Flandre* jusqu'à Lille, Dunkerque et Calais.

ENTRE SEINE ET MEUSE. — Le canal de *Sambre-et-Oise* va de la Fère sur l'Oise à Landrecies sur la Sambre ; — *le canal des Ardennes* commence à Donchéry sur la Meuse, passe à Rethel et se termine à l'Aisne près de Soissons.

ENTRE SEINE ET RHIN. — Le canal de la *Marne au Rhin* va d'Épernay à Châlons, Bar-le-Duc, Nancy et Strasbourg.

ENTRE SEINE ET RHÔNE. — Le canal de *Bourgogne* va de la Roche près Joigny, sur l'Yonne, à Saint-Jean-de-Losne sur la Saône.

ENTRE SEINE ET LOIRE. — Le canal du *Nivernais* va d'Auxerre sur l'Yonne à Clamecy, à Decize sur la Loire ; — le canal du *Loing* va de la Seine à Montargis, et se continue jusqu'à la Loire par le canal de *Briare* et par le canal d'*Orléans*.

ENTRE RHÔNE ET LOIRE. — Le canal du *Centre* va de Digoin sur la Loire à Châlon-sur-Saône.

ENTRE RHÔNE ET RHIN. — Le canal du *Rhône au Rhin* commence à Saint-Symphorien, sur la Saône, va à Dôle, remonte le Doubs, passe à Besançon, traverse le col de Belfort, passe à Mulhouse et se termine à Strasbourg.

ENTRE RHÔNE ET GARONNE. — Le canal du *Midi*, ou du Languedoc, va de Toulouse à Carcassonne et à Cette ; il se continue jusqu'à Aigues-Mortes par le canal des *Étangs*, auquel fait suite le canal de *Beaucaire* jusqu'au Rhône.

373. Parmi les autres canaux, on peut citer le canal de *l'Ourcq*, qui amène à Paris les eaux de l'Ourcq et alimente le canal de Saint-Denis.

Le canal de *Reims* réunit l'Aisne à la Marne.

Le canal de la *Somme* va de Saint-Quentin à Saint-Valéry.

Le canal *latéral de la Haute-Seine* va de Troyes au confluent de l'Aube.

Le canal *latéral à la Loire* va de Roanne à Briare.

Le canal du *Berry* relie la Loire et le Cher et remonte jusqu'à Montluçon.

Le canal *latéral à la Garonne* va de Toulouse à la Réole.

Le canal de *Nantes à Brest* a un embranchement sur Lorient.
Le canal d'*Ille-et-Rance* va de Rennes à Saint-Malo.
Le canal d'*Arles à Bouc*, communiquant avec le canal *Saint-Louis*, qui permet à la navigation d'éviter la barre ou les ensablements du Rhône.

374. Nos grands **ports marchands** sont :
1º *Sur la mer du Nord*, Dunkerque et Calais ;
2º *Sur la Manche*, Boulogne, Dieppe, le Havre, Rouen, Saint-Malo ;
3º *Sur l'Océan*, Brest, Nantes et Saint-Nazaire, la Rochelle, Bordeaux, Bayonne ;
4º *Sur la Méditerranée*, Cette, Marseille, Toulon et Nice.

Par *ordre d'importance*, Marseille est le premier port, le Havre le second ; puis viennent Bordeaux, Saint-Nazaire avec Nantes, Dunkerque, Cette, Boulogne.

375. Des services réguliers de *paquebots à vapeur* sont établis entre nos principaux ports et l'étranger.

Marseille est le point de départ de tous les grands services français de la Méditerranée et de la mer Noire, et, par l'isthme de **Suez**, de l'océan Indien et de l'océan Pacifique. — Marseille a aussi de nombreuses relations avec l'Afrique occidentale, les **Antilles**, le Brésil et la Plata.

Le Havre est notre principal port d'expédition pour l'Amérique ; il fait surtout le commerce de la France avec les Etats-Unis.

Saint-Nazaire a des relations directes avec les Antilles, à la **Havane**, — avec le Mexique, à Vera-Cruz, — et par le chemin de fer de Panama, avec la Californie, le Pérou, le Chili et l'île Taïti.

Bordeaux a des relations avec le Sénégal et l'île de la Réunion, — les Indes et l'île de Java, — le Brésil, le Mexique et la **Havane** (dans l'île de Cuba, l'une des grandes Antilles).

CHAPITRE VII

COLONIES

376. Les **colonies françaises** comptent une *population* d'environ 6.000.000 d'habitants et une *superficie* qui égale deux fois celle de la France. Ce sont :

1° En Afrique, l'Algérie, le Sénégal et le Gabon, la Réunion, Mayotte et ses dépendances ;

2° En Asie, les établissements de l'Inde et de la Cochinchine ;

3° En Océanie, la Nouvelle-Calédonie, les îles Marquises et Taïti ;

4° En Amérique, la Guyane française, quelques îles Antilles, les îles Saint-Pierre et Miquelon, près de Terre-Neuve.

Nous possédions au siècle dernier des colonies beaucoup plus étendues dans l'Hindoustan, et surtout en Amérique, où la *Nouvelle-France* comprenait le Canada, l'île Terre-Neuve, les rives de l'Ohio et du Mississipi et la Louisiane.

§ I. *Algérie*

377. Bornes. — L'Algérie est bornée : au nord, par la Méditerranée ; à l'ouest, par le Maroc ; — au sud, par le désert du Sahara ; — et à l'est, par la régence de Tunis.

378. Montagnes. — L'Algérie est traversée de l'ouest à l'est par le massif montagneux de l'*Atlas*, composé de deux chaînes parallèles très ramifiées supportant une région haute appelée le *Plateau*.

379. Fleuves. — Les cours d'eau de l'Algérie sont peu importants, et la plupart tarissent dans la saison sèche. Les principaux sont : la *Seybouse*, l'*Isser*, le *Chéliff*, le plus grand de tous, la *Tafna*, grossie de l'*Isly*.

380. Population. — L'Algérie a une population de 2.500.000 habitants, formée de Berbères ou Kabyles, d'Arabes nomades, de Maures, etc., tous mahométans. On compte à peine 250.000 Européens, dont la moitié de Français.

381. Administration. — L'Algérie est administrée par un gouverneur général.

Elle forme trois *provinces*, dont chacune est divisée en

un territoire civil et un territoire militaire. Le territoire civil de chaque province forme un département.

382. Département d'Alger, chef-lieu Alger.

Alger ‡, ville forte, bâtie en amphithéâtre, sur la Méditerranée, est l'entrepôt général du commerce et de la navigation de la colonie. Depuis le xvie siècle jusqu'en 1830, cette ville a été un repaire de pirates qui insultaient les côtes de la Méditerranée. Elle fut prise par les Français en 1830. (52.000 hab.)

Blidah fait un grand commerce d'oranges.
Milianah et *Orléansville* sont dans la vallée du Chélif.
Médéah exploite de riches mines de cuivre.

383. Département d'Oran, chef-lieu Oran.

Oran †, port fortifié, a été soumise aux Espagnols de 1509 à 1792.

Tlemcem, Mascara et *Sidi-bel-Abbès,* dans l'intérieur.
Mostaganem est une petite ville maritime.

384. Département de Constantine, chef-lieu Constantine.

Constantine †, l'ancienne Cirta des Romains, est une ville forte, qui fut prise d'assaut par les Français en 1837.

Philippeville, bâtie par les Français en 1840, a un port qui fait le commerce des denrées de la province.
Bône est l'un des principaux ports de l'Algérie.

385. Commerce. — Le *commerce intérieur* possède quelques *routes,* mais pas de rivière navigable. On construit deux *chemins de fer,* l'un d'Alger à Oran, et l'autre de Constantine à Bône.

Le *commerce extérieur* se fait pour la plus grande partie avec la France par le port de Marseille. Il *exporte* des produits agricoles : bestiaux, laines, blé, tabac, fruits et légumes de primeur (pour Paris); il *importe* des tissus et autres produits manufacturés, tant pour la colonie que pour le Sahara et le Soudan, avec lesquels le commerce se fait par *caravanes.*

§ II. *Afrique française*

386. Le Sénégal, situé dans la Sénégambie, sur le fleuve Sénégal, est une colonie assez florissante, peuplée de nègres et d'un millier d'Européens. Les villes principales sont *Saint-Louis, Dakar* et *Gorée,* ports.

378. Le Gabon est situé dans la Guinée, sous l'Équateur.

388. L'île Mayotte est située dans l'océan Indien; l'île *Nossibé,* sur la côte occidentale, et *Sainte-Marie,* sur la côte orientale de Madagascar.

389. La **Réunion**, ou île Bourbon, est une colonie florissante, peuplée de 70.000 créoles français, et d'un plus grand nombre de nègres et d'Indiens. — *Saint-Denis*†, chef-lieu, *Saint-Pierre* et *Saint-Paul*, sont les principales villes.

L'île de la Réunion *exporte* en France du sucre, du café, de la vanille, de la muscade, du rhum, etc.

§ III. *Asie française*

390. **L'Inde** française comprend 5 villes avec leurs territoires. Ce sont : *Mahé*, sur la côte de Malabar ; *Karikal, Pondichéry*, chef-lieu, et *Yanaon*, sur la côte de Coromandel ; *Chandernagor*, sur le Gange, au N. de Calcutta.

391. La **Cochinchine** française, située au S. de l'Indo-Chine, est une région basse, bien boisée, fertile, mais insalubre. — *Saïgon*, la capitale, est un port de commerce et une bonne position militaire.

Le *royaume de Cambodge* est vassal de la France.

§ IV. *Océanie française*

392. La **Nouvelle-Calédonie**, chef-lieu *Nouméa*, est une île à l'E. de l'Australie, et à laquelle se rattachent l'île des *Pins*, les îles *Loyalty* et quelques autres.

393. Les îles *Taïti* ou de la *Société* forment un petit royaume placé sous le protectorat de la France depuis 1847.

394. Les îles *Marquises*, dont la principale est Nouka-Hiva, n'ont pas d'importance commerciale, de même que l'archipel des îles *Basses* ou *Touamotou* et *Gambier*, qui reconnaissent le protectorat français.

§ V. *Amérique française*

395. La **Guyane** française, située au N. du Brésil, est une contrée basse, fertile, mais insalubre sur la côte. Il y a un établissement pénitencier. La capitale est *Cayenne*, port.

396. Les **Antilles** françaises comprennent deux îles importantes et plusieurs petites :

1° La **Martinique**, ch.-l. *Fort-de-France* ; ville principale *Saint-Pierre* †, port ;

2° La **Guadeloupe**, ch.-l. la *Basse-Terre* † ; ville principale *Pointe-à-Pitre*, port ;

3° La *Désirade*, *Marie-Galande* et les *Saintes*, qui dépendent du gouvernement de la Guadeloupe, ainsi que l'île *Saint-Barthélemy* et la moitié de l'île *Saint-Martin*, située plus au N.

397. Les petites îles **Saint-Pierre** et **Miquelon**, situées au S. de Terre-Neuve, sont un rendez-vous de pêche pour les bâtiments français qui viennent chaque année faire la pêche de la morue, très abondante dans les parages de Terre-Neuve.

CHAPITRE VIII

GÉOGRAPHIE SPÉCIALE

DES PROVINCES ET DES DÉPARTEMENTS

—

I. RÉGION DU NORD

—

I. ILE-DE-FRANCE, 5 départements

Orographie. Pays de plaines ondulées, de vallées élargies, de plateaux bas et de collines d'une altitude moyenne de 100 à 200 mètres.

Hydrographie. *Versant de la Manche*, arrosé par la SEINE, la Marne, l'Ourcq, l'Oise, l'Aisne, le Thérain, — *Canaux* du Loing, de Saint-Quentin, de Sambre-et-Oise et de l'Ourcq.

Agriculture progressive. Produits variés : les céréales, notamment les *blés* de la Brie, l'orge, le colza, la betterave à sucre (Aisne). — *Culture maraîchère* dans les environs de Paris. Vaches laitières et moutons.

Industrie très active, dont le siége principal est à Paris, pour tous les genres de produits de luxe, de mode, d'ameublement et d'instruction.— Tissus de Saint-Quentin, tapis de Beauvais et des Gobelins, porcelaine de Sèvres, glaces de Saint-Gobain. — *Carrières* très nombreuses de pierres à bâtir, de plâtre (Montmartre), de craie (Meudon), de pierres meulières (la Ferté-sous-Jouarre), etc.

1. SEINE

Paris ‡, sur la Seine, est la capitale de la France. C'est la première ville de l'Europe pour les lettres, les sciences, les arts, les monuments publics, et la seconde pour sa population, de 2,000,000 d'habitants [1]. Elle est non seulement un foyer intellectuel, mais un grand centre

---

[1] **NOTA.** Dans les pages suivantes on donne, d'après le recensement de 1872, le chiffre *fort* de la population des villes, c'est-à-dire comprenant la population flottante. La population *municipale* est pour Paris, 1.946.000 ; Lyon, 322.000 ; Marseille, 303.000 ; Bordeaux : 201,000 etc. — Les signes ‡ et † indiquent les archevêchés et les évêchés.

d'industrie, de commerce, d'opérations financières, et une ville de luxe, qui s'embellit chaque jour, et où affluent les étrangers. Paris possède des manufactures, des fabriques et des magasins de toute espèce : c'est un immense atelier, où tous les travaux sont en activité; et les produits de son industrie, caractérisés par le goût et l'élégance, s'écoulent dans le monde entier sous le nom d'*articles de Paris.*

Du temps de Jules César, c'est-à-dire 50 ans avant Jésus-Christ, Paris portait le nom de *Lutèce,* et n'était qu'un village, renfermé dans l'île appelée aujourd'hui la Cité. Sous les Romains, il s'étendit sur la rive gauche de la Seine, et Julien fit construire le palais des Thermes, dont on voit encore les restes. Paris fut la capitale des Francs sous Clovis et les premiers Mérovingiens. Charlemagne le visita plusieurs fois, mais n'en fit jamais son séjour habituel. Sous ses faibles successeurs, il appartint à des comtes particuliers, fut pillé plusieurs fois par les Normands, et soutint contre eux un siège mémorable en 885. Il devint, en 987, la capitale du royaume de France, par l'avènement de Hugues Capet, comte de Paris.

Au XIIIe siècle, l'Université prit une grande importance et devint la première école de l'Europe. Paris fut plusieurs fois troublé sous les Valois. De 1420 à 1436, il subit honteusement la domination anglaise. En 1588, à la journée des Barricades, il chassa Henri III et se soumit à la Ligue. Henri IV l'assiégea deux fois, et ne put y entrer qu'après avoir fait son abjuration, en 1594.

Il a soutenu en 1870 et 1871 deux siéges, l'un contre les Prussiens et l'autre ensuite sous la Commune. Plusieurs batailles se sont données sous ses murs, au Bourget, à Champigny, à Buzenval.

Paris est divisé en 20 arrondissements ou mairies; ses fortifications comprennent plus de 20 forts détachés et un mur d'enceinte bastionné ayant 39 kilomètres de tour.

Parmi les *monuments* de Paris, on cite les églises de Notre-Dame, de Saint-Sulpice, de Saint-Augustin, la Sainte-Chapelle, le Panthéon, la Madeleine; — les palais des Tuileries, du Louvre, du Luxembourg, le Palais-Royal, l'hôtel des Invalides; — l'arc de triomphe de l'Étoile, la colonne de la place Vendôme, la colonne de Juillet et l'obélisque de Louqsor.

Saint-Denis, sur la Seine, a des fabriques de toiles peintes et de produits chimiques.— L'ancienne abbaye de Saint-Denis, dont l'église renferme les tombeaux des rois de France, est aujourd'hui une maison d'éducation pour les jeunes filles des membres de la Légion d'honneur.— Bataille de 1567, entre les protestants et les catholiques. Abjuration de Henri IV, en 1594. (35.000 h.)

Alfort possède une des trois écoles vétérinaires de France. (Les deux autres sont à Lyon et à Toulouse.)

Vincennes renferme un château fort. (18.000 h.)

Saint-Maur, où Louis XI et les princes révoltés signèrent un traité de paix, en 1465.

2. SEINE-ET-OISE

Versailles †, grande et belle ville, dont le château, le parc et les jets d'eau sont autant de merveilles du règne de Louis XIV. Elle a été le séjour habituel des rois de France de 1682 à 1789; le château est aujourd'hui un intéressant musée historique. — Traité de 1768, qui mit fin à la guerre de Sept ans.— Traité de 1783, où fut reconnue l'indépendance des États-Unis. Patrie du général **Hoche**, de l'abbé de l'Épée. (50.000 h.)

Corbeil (6.400 h.), **Étampes** (7.800 h.) et **Pontoise** (6.400 h.) font un grand commerce de grains et de farines.

Rambouillet, belle forêt et château où mourut François Ier, en 1547. (4.800 h.)

Sèvres, sur la Seine, possède la plus belle manufacture de porcelaine de l'Europe. (6.600 h.)

Saint-Cloud, sur la Seine. Henri III y fut assassiné par Jacques Clément, en 1589. La ville et son château furent brûlés par les Prussiens, en 1871. (4.900 h.)

Saint-Germain-en-Laye a un beau château, transformé aujourd'hui en un musée d'antiquités celtiques. La forêt est bordée par une terrasse, que domine un immense et magnifique horizon. (17.000 h.)

Marly a une machine hydraulique pour conduire à Versailles et à Saint-Cloud les eaux de la Seine. (1.300 h.)

Saint-Cyr, près de Versailles, a une école militaire. (2.900 h.)

Montlhéry eut une fameuse forteresse féodale, dont il ne reste qu'une tour de 33 mètres.

Saint-Clair-sur-Epte rappelle le traité de 911, où Charles le Simple céda à Rollon, chef des Normands, une partie de la Neustrie, appelée depuis Normandie.

3. SEINE-ET-MARNE

Melun, sur la Seine, fait le commerce de blé et de farine. (11.000 h.)

Fontainebleau, près de la Seine, a un château où Napoléon Ier abdiqua en 1814. La forêt est intéressante par ses sites pittoresques. (12.000 h.)

Meaux †, sur la Marne et le canal de l'Ourcq, est le siége d'un évêché illustré par Bossuet. Commerce de grains et de fromages de Brie. (12.000 h.)

Montereau, au confluent de l'Yonne et de la Seine, a des fabriques de faïence. Assassinat de Jean sans Peur, duc de Bourgogne, en 1419. (7.000 h.)

La Ferté-sous-Jouarre, sur la Marne, a des carrières de pierres meulières. (4.800 h.)

Thomery, sur la Seine, cultive le chasselas de Fontainebleau.

4. OISE

Beauvais †, sur le Thérain, a une belle cathédrale inachevée, des fabriques de draps, de couvertures, de tapis de pied, et une manufacture de tapis de luxe. Charles le Téméraire assiégea vainement Beauvais en 1472; Jeanne Hachette, à la tête des femmes, arracha l'étendard que les Bourguignons venaient de planter sur la muraille. (16.600 h.)

Compiègne, sur l'Oise, possède un château et une vaste forêt. En 1430, Jeanne d'Arc, qui défendait la ville, fut prise dans une sortie et vendue aux Anglais. (13.400 h.)

Noyon rappelle la naissance de Calvin; le couronnement de Charlemagne, en 768; l'élection de Hugues Capet, en 987, et le traité de paix entre François Ier et Charles-Quint, en 1516. (6.400 h.)

Creil, sur l'Oise, a des fabriques de faïence. (5.700 h.)

Chantilly fabrique des dentelles de soie appelées *blondes*. Forêt remarquable. (3.500 h.)

5. AISNE

Laon, ville forte sur une colline escarpée, fut la capitale des derniers rois carlovingiens. (12.000 h.)

Château-Thierry, sur la Marne, patrie de la Fontaine. (7.000 h.)

Saint-Quentin, sur la Somme et le canal de Saint-Quentin, forme un centre industriel pour les cotonnades et les toiles. Elle rappelle la victoire remportée par les Espagnols sur les Français, en 1557. Bataille de 1871. (39.000 h.)

Soissons †, ville forte sur l'Aisne, fait le commerce de haricots dits *de Soissons*. (10.000 h.)

En 486, Clovis défit à Soissons le général romain Syagrius. — En 833, Louis le Débonnaire y fut dégradé dans l'abbaye de Saint-Médard. — En 923, Charles le Simple y fut battu par le comte Robert. — En 1814, l'occupation de Soissons par les alliés exerça une action définitive sur l'issue de la campagne.

Vervins rappelle le traité de 1598, entre Henri IV et Philippe II, roi d'Espagne. (3 000 h.)

La Fère, sur l'Oise, possède un arsenal militaire. (4.300 h.)

Saint-Gobain a une célèbre manufacture de glaces.(2.200 h.)

Chauny a des usines pour le polissage des glaces de Saint-Gobain, et la fabrication des produits chimiques. (9.000 h.)

Kiersy - sur - Oise, où Charles le Chauve publia, en 877, un édit qui reconnut en droit l'hérédité des fiefs et des offices.

II. PICARDIE, 1 département

Orographie. Pays de *plaines,* basses au centre, un peu relevées au N. et à l'O. par les *collines* dites de Picardie.

Hydrographie. *Versant de la Manche,* arrosé par la Somme, l'Authie, la Bresle.
— *Canal* de la Somme.

Agriculture. Culture très soignée, produisant les céréales, les plantes industrielles, et nourrissant un nombreux bétail. Culture du pommier à cidre.

Industrie. Fabrication active de lainages (Abbeville), toiles et cotonnades (Amiens), sucre de betterave. Extraction de la tourbe dans la vallée de la Somme.

SOMME

Amiens †, sur la Somme, autrefois capitale de la Picardie, est un centre industriel pour les cotonnades et les toiles. Belle cathédrale. Cette ville fut prise par les Espagnols, en 1597, et reprise peu après par Henri IV. Traité de paix avec l'Angleterre, en 1802. Bataille en 1870. (67.000 h.)

Abbeville, sur la Somme, a un port marchand et des fabriques de tapis. (19.000 h.)

Montdidier, patrie de Parmentier, qui a propagé en France la culture de la pomme de terre. (4.400 h.)

Péronne, place forte, dont le château a servi de prison à Charles le Simple, et à Louis XI, qui en sortit par le traité de 1468, que lui imposa Charles le Téméraire. (4.400 h.)

Tertry, autrefois *Testry,* bataille de 687, qui établit la suprématie de l'Austrasie sur la Neustrie.

Crécy, victoire d'Edouard III sur Philippe de Valois, en 1346.

Picquigny, traité de paix en 1475, entre Louis XI et Édouard IV, roi d'Angleterre.

Pont-Noyelles, combat en 1870.

III. ARTOIS, 1 département

Orographie. Pays de *plaines accidentées* traversées par les *collines* dites de l'Artois.

Hydrographie. *Versants de la mer du Nord et de la Manche*, arrosés par la Scarpe, la Lys, l'Aa, la Canche.
— *Canaux* de Béthune, d'Aire, de Calais.

Agriculture. Agriculture progressive, analogue à celle de la Flandre; production des céréales, des plantes industrielles, de la betterave. Excellents chevaux boulonnais.

Industrie. Extraction du fer et de la houille (Marquise, Lens); chaux de Boulogne; fabrication de toiles et de sucre de betterave.

PAS-DE-CALAIS

Arras †, autrefois capitale de l'Artois, place forte; commerce de grains et d'huiles, etc. Traité de 1435, qui réconcilia le duc de Bourgogne, Philippe le Bon, avec Charles VII. (27.000 h.)

Boulogne-sur-Mer, port de passage pour l'Angleterre, pêche du hareng et de la morue; fabrique de plumes métalliques. (40.000 h.)

Calais, ville forte; port de passage pour l'Angleterre. — Calais fut pris par les Anglais, en 1347, après un siége qui rappelle le dévouement d'Eustache de Saint-Pierre, et fut repris en 1558 par le duc François de Guise. (13.000 h.)

Saint-Pierre-lez-Calais, grande fabrication de tulle. (26.000 h.)

Lens exploite la houille et rappelle la victoire de Condé sur les Espagnols, en 1648. (9.400 h.)

Azincourt, défaite des Français par les Anglais, en 1415.

Guinegate, défaites de Louis XI par Maximilien d'Autriche, en 1479, et de Louis XII par les Anglais, en 1513, à la *Journée des Éperons*.

Guines et *Ardres*, entrevue du camp du *Drap d'Or*, en 1520, entre François Ier et Henri VIII, roi d'Angleterre.

Renty, victoire de Henri II sur Charles-Quint, en 1554.

Bapaume, bataille de 1871.

IV. FLANDRE, 1 département

Orographie. Pays de *plaines basses* et unies à l'ouest et au centre (Flandre), un peu relevées à l'est (Hainaut) par les *collines* des Ardennes occidentales.

Hydrographie. *Versant de la mer du Nord*, arrosé par la Sambre, l'Escaut, la Scarpe, la Lys et l'Aa.

— *Canaux* de Cambrai à Douai, Lille et la Belgique; canaux de Dunkerque à Calais et à Ostende.

Agriculture la plus progressive de la France, produisant les céréales : froment, orge, avoine; les *plantes industrielles :* betterave, lin, chanvre, colza. Excellents bœufs flamands, vaches laitières, chevaux de gros trait.

Industrie très active. Exploitation de houille du bassin de Valenciennes (Anzin, Denain, Douai); métallurgie, hauts fourneaux, fonderies, verreries de Lille, Anzin, Maubeuge, etc. Fabrication importante de toiles de lin et de chanvre, cotonnades et lainages de Lille, Roubaix, Armentières; tapis de Tourcoing, dentelles de Valenciennes, d'Hazebrouck. Sucre de betteraves de Valenciennes. Pêche maritime et constructions navales de Dunkerque.

NORD

Lille, autrefois la capitale de la Flandre française, est une grande place forte, et forme notre centre le plus important pour l'industrie du lin, de la laine, du coton, des huiles, du sucre, et de la fabrication des machines. En 1708, Lille fut prise par le prince Eugène, malgré la défense héroïque du maréchal de Boufflers. (163.000 h.)

Cambrai ‡, ville forte sur l'Escaut, fabrication de batistes. Siége d'un archevêché illustré par Fénelon. Traité de 1529, appelé la *Paix des Dames*, parce qu'il fut négocié par la mère de François Ier et la tante de Charles-Quint. (22.000 h.)

Dunkerque, ville forte, port de pêche et de commerce très actif. Patrie de Jean Bart. Bataille dite *des Dunes*, gagnée par Turenne sur les Espagnols, en 1658. (35.000 h.)

Valenciennes, place forte sur l'Escaut, fabrique du sucre de betteraves et des dentelles dites *valenciennes*. (26.000 h.)

Anzin, près de Valenciennes, possède les plus riches mines de houille du nord de la France. (9.000 h.)

Tourcoing (49.000 h.), *Roubaix* (84.000 h.) et *Armentières* (22.000 h.) ont de nombreuses fabriques de tissus de laine et coton mêlés.

Bouvines, victoire de Philippe-Auguste sur l'empereur Othon, en 1214.

Mons-en-Puelle, victoire de Philippe le Bel sur les Flamands, en 1304.

Cassel, victoire de Philippe de Valois sur les Flamands, en 1328.

Gravelines, défaite des Français par les Anglais et les Espagnols, en 1558.

Malplaquet, défaite de Villars par le prince Eugène et Marlborough, en 1709.

Denain, victoire de Villars sur le prince Eugène, en 1712.

Le *Cateau-Cambrésis*, traité de 1559, entre Henri II et Philippe II. Il mit fin aux guerres d'Italie.

II. RÉGION DU NORD-EST

V. CHAMPAGNE, 4 départements

Orographie. Pays de *plaines* ondulées à l'ouest et au centre, relevé au N. et à l'E. par les *collines* de l'Ardenne et de l'Argonne, au S. par le *plateau* de Langres.

Hydrographie. *Versant de la mer du Nord*, arrosé par la MEUSE. — *Versant de la Manche*, arrosé par la SEINE, l'Aube, l'Yonne, la Marne, l'Aisne et la Vesle.

— *Canaux* des Ardennes, de Reims et de la Marne au Rhin.

Agriculture. Céréales de la Brie champenoise; vins mousseux de Champagne; pâturages et sapinières de la Champagne pouilleuse ou crayeuse. Élevage des moutons.

Industrie. Ardoises de Fumay; fer et forges de Saint-Dizier, de Vassy; armes à feu de Nouzon (près Charleville); couteaux de Langres. — Draps de Sedan; lainages de Reims; cotonnades de Troyes.

— *Eaux minérales* de Bourbonne-les-Bains.

1. AUBE

Troyes ☩, sur la Seine, autrefois capitale de la Champagne, fait le commerce de toiles, de bonneterie et de charcuterie. Troyes rappelle le honteux traité de 1420, où Henri V, roi d'Angleterre, fut déclaré héritier présomptif de la couronne de France, au préjudice du Dauphin, depuis Charles VII. (41.000 h.)

Brienne, *Arcis-sur-Aube* et la *Rothière*, batailles de 1814.

2. HAUTE-MARNE

Chaumont, sur la Marne. Fabrique de gants. (9.000 h.)

Langres ☩, place forte, sur un plateau, à 444 mètres d'altitude, est renommée pour ses pierres à émoudre et sa coutellerie. (10.400 h.)

Vassy rappelle la rixe de 1562 entre quelques protestants et les gens du duc de Guise. (3.500 h.)

Bourbonne-les-Bains possède des eaux minérales. (4.000 h.)

Saint-Dizier, sur la Marne, a des hauts fourneaux et fait un grand commerce de bois et de fers. (13.000 h.)

Andelot, où fut signé, entre Childebert et Gontran, le traité de 587, qui garantit aux leudes la possession viagère de leurs bénéfices.

3. MARNE

Châlons-sur-Marne ✝ a une école des arts et métiers, et fait le commerce de céréales et de vins de Champagne. C'est dans les environs qu'eut lieu, en 451, la célèbre bataille où Attila fut défait par Aétius, Mérovée et Théodoric. (20.000 h.)

Épernay, sur la Marne, fait un grand commerce des vins mousseux dits *de Champagne*. (15.500 h.)

Reims ✝, sur la Vesle, affluent de l'Aisne, fait une grande fabrication de lainages et un grand commerce de vins de Champagne, de biscuits et de pains d'épices. Belle cathédrale, où l'on sacrait les rois de France. Patrie de Colbert. (81.000 h.)

Aï, près d'Épernay, produit d'excellents vins mousseux. (5.000 h.)

Valmy, village où les Prussiens, en 1792, furent arrêtés par les Français.

Champaubert, *Montmirail* et *Vauchamps*, où les Prussiens furent défaits par les Français, en 1814.

4. ARDENNES

Mézières, sur la Meuse, est une place forte, qui rappelle la défense de Bayard contre les Impériaux, en 1521. (5.300 h.)

Rethel fabrique des lainages. (7.500 h.)

Rocroi, place forte, rappelle la victoire de Condé sur les Espagnols, en 1643. (2.400 h.)

Sedan, place forte sur la Meuse, est un centre important pour la fabrication des draps fins. Patrie de Turenne. Bataille du 1er septembre 1870. (17.000 h.)

Charleville, sur la Meuse, en face de Mézières. Tanneries et clouteries (14.000 h.)

Givet, place forte sur la Meuse. (5.500 h.)

Fumay, sur la Meuse, est le centre d'une exploitation très importante d'ardoises. (5.000 h.)

VI. LORRAINE, 3 départements

Orographie. Pays de *plaines* assez élevées, accidentées par les *collines* de l'Argonne et les *montagnes* des Vosges.

Hydrographie. *Versant de la mer du Nord*, arrosé par la Moselle, la Meurthe et la MEUSE. — *Versant de la Manche*, arrosé par l'Ornain (affluent de la Marne).

— *Canal* de la Marne au Rhin.

Agriculture. Céréales, vins de la Moselle; pâturages; élevage des chevaux lorrains, de nombreux moutons et de porcs. Les forêts des Vosges sont des plus belles de la France.

Industrie. Les marbres des Vosges, le sel gemme du bassin de la Seille; la houille du bassin de la Sarre, les fers et les forges de Frouard (Meurthe-et-Moselle); les lainages et la broderie de Nancy; les cotons de Senones (Vosges); les papiers d'Épinal.

— *Eaux minérales* de Plombières, de Contrexéville.

1. MEUSE

Bar-le-Duc, sur l'Ornain et le canal de la Marne au Rhin. Confitures de groseilles et fabriques de cotonnades. (15.000 h.)

Verdun †, place forte sur la Meuse, a des fabriques de liqueurs et de dragées.

Varennes-en-Argonne rappelle l'arrestation de Louis XVI, le 21 juin 1791.

2. VOSGES

Épinal, sur la Moselle, a des fabriques d'images communes (15.000 h.)

Mirecourt a des fabriques de dentelles et d'instruments de musique. (5.500 h.)

Saint-Dié †, sur la Meurthe. (15.000 h.)

Domrémy, village qui possède encore la maison où naquit Jeanne d'Arc, en 1412.

Plombières, *Bussang* et *Contrexéville* ont des eaux minérales.

Gérardmer fait le commerce de fromages dits de *Géromé*. (6.500 h.)

3. MEURTHE-ET-MOSELLE [1]

Nancy †, sur la Meurthe, est une grande et belle ville, autrefois capitale du duché de Lorraine. C'est le centre de la fabrication et du commerce des broderies de Lorraine. École forestière. Bataille de 1477, où fut tué Charles le Téméraire, dernier duc de Bourgogne. (66.000 h.)

Lunéville, sur la Meurthe, fabrique de faïence, possède l'ancien palais des ducs de Lorraine. Traité de paix de 1801, entre la France et l'Autriche. (16.000 h)

Briey (2.000 h.) et *Longwy* (4.000 h.), villes de l'ancien département de la Moselle, conservées à la France.

Baccarat, sur la Meurthe. Manufacture de cristaux, l'une des plus renommées de l'Europe. (6.000 h.)

Cirey, manufacture de glaces.

Varangéville, salines importantes.

III. RÉGION DU NORD-OUEST

VII. NORMANDIE, 5 départements

Orographie. Pays de *plaines accidentées* au N. et à l'O., de plateaux et de *collines*, dites de Normandie, au S.

Hydrographie. *Versant de la Manche*, arrosé par la Bresle, l'Arques, la SEINE, l'Eure, la Rille, la Touques, l'Orne, la Vire, etc.

Agriculture soignée : culture des céréales, du colza, du lin et du chanvre ; prairies grasses où l'on élève d'excellents chevaux et bœufs normands ; poules de Gournay. Pommier à cidre.

Industrie prospère : craie de Rouen, forges de Conches (Eure),

---

1   ALSACE-LORRAINE

NOTA. Par le traité de Francfort du 10 mai 1871, la France a cédé à l'empire allemand : 1° les deux départements du *Haut-Rhin* et du *Bas-Rhin*, ou l'ALSACE moins Belfort ; 2° en LORRAINE, le département de la *Moselle*, moins Briey et Longwy ; 3° deux arrondissements de la Meurthe : *Château-Salins* et *Sarrebourg* ; 4° quelques communes des Vosges.

Superficie, 14.520 kilomètres carrés ; population, 1.600.000 habitants.

VILLES CÉDÉES. — Dans la Moselle : *Metz, Thionville, Sarreguemines.*
— Haut-Rhin : *Colmar, Mulhouse, Sainte-Marie-aux-Mines, Huningue.*
— Bas-Rhin : *Strasbourg, Saverne, Schelestadt, Wissembourg.*

constructions navales du Havre, épingles de Rugles ; — fabrication très active de cotonnades à Rouen, Évreux, Falaise, Flers ; — draps d'Elbeuf et de Louviers ; toiles de Lisieux, de Vimoutiers ; — dentelles d'Alençon ; — porcelaine de Bayeux.

— *Eaux minérales* de Forges-les-Eaux (Seine-Inférieure).

1. SEINE-INFÉRIEURE

Rouen ✝, sur la Seine, à 122 kilomèt. de son embouchure, autrefois capitale du duché de Normandie, est un grand port de commerce, et en même temps un centre manufacturier très actif, surtout pour les tissus de coton connus sous le nom de *rouenneries*. On y admire de beaux monuments gothiques : la cathédrale, Saint-Ouen, Saint-Maclou, le Palais de justice.

Rouen est la patrie des deux Corneille et de Fontenelle. Jeanne d'Arc y fut brûlée par les Anglais, en 1431. — Sièges de 1449, par les Anglais ; 1562, par les catholiques ; et 1591, par Henri IV. (105.000 h.)

Dieppe, port de pêche, est la patrie du célèbre marin Duquesne. (20.000 h.)

Le Havre, fondé par François Iᵉʳ à l'embouchure de la Seine, est le second port de France pour le commerce maritime et un immense entrepôt pour les cotons. Il renferme des usines importantes pour la marine, et de grands chantiers de construction de navires. Patrie de Bernardin de Saint-Pierre et de Casimir Delavigne. (92.000 h.)

Neufchâtel a des fromages très renommés. (4.000 h.)

Elbeuf, sur la Seine, est un centre important de la fabrication des draps. (22.000 h.)

Fécamp, port de pêche très actif. (13.000 h.)

Arques, sur la rivière de ce nom, rappelle la victoire de Henri IV sur Mayenne, en 1589.

2. EURE

Évreux ✝, sur l'Iton, affluent de l'Eure, a des fabriques de coutils. (15.000 hab.)

Louviers, sur l'Eure, forme avec Elbeuf l'un des centres les plus importants de la France pour la fabrication des draps. (11.000 h.)

Rugles fabrique des épingles.

Cocherel, où du Guesclin, en 1364, défit le captal de Buch, qui commandait les troupes de Charles le Mauvais, roi de *Navarre*. — *Verneuil*, où les Anglais défirent les Français en 1424. — *Ivry-la-Bataille*, où Henri IV défit Mayenne en 1590.

3. CALVADOS

Caen, sur l'Orne, est sur un canal, à 12 kilom. de la mer, et fait le commerce de chevaux et de dentelles appelées *blondes*. (41.000 h.)

Bayeux†, fabriques de porcelaines et de dentelles. (8.500 h.)

Falaise a une importante foire aux chevaux dans le faubourg de Guibray. (8.500 h.)

Lisieux, sur la Touques, fabrique des toiles dites *cretonnes*. (18.000 hab.)

Vire fabrique des draps. (7.000 h.)

Honfleur, port de mer, sur la rive gauche de l'embouchure de la Seine. (9.500 h.)

Isigny, près de la Vire, fait le commerce de beurre.

Formigny, victoire du connétable de Richemont sur les Anglais, en 1450.

4. MANCHE

Saint-Lô, sur la Vire, commerce de chevaux. (10.000 h.)

Cherbourg, port militaire sur la Manche, en face des côtes de l'Angleterre, est le chef-lieu d'une préfecture maritime. La rade est défendue par une digue de 3.712 m. de longueur et de 10 m. de largeur au sommet. (37.000 h.)

Coutances † a donné son nom au Cotentin. (8.000 h.)

Granville, port de pêche sur le golfe de Saint-Malo. (13.000 h.)

La Hougue, sur une vaste rade où 14 vaisseaux de Tourville furent brûlés après la célèbre bataille navale de 1692.

Le mont *Saint-Michel* est un rocher isolé, où se trouve une abbaye. Deux fois par jour, la marée fait une île du mont Saint-Michel, et le flot s'avance sur la plage avec une vitesse qui surpasse celle d'un cheval au galop.

5. ORNE

Alençon, sur la Sarthe, fabrique des dentelles dites *point d'Alençon*. (17.000 h.)

Mortagne fabrique des toiles. Aux environs est la célèbre abbaye de Soligny-la-Trappe. (5.000 h.)

Séez † est le siége d'un évêché. (5.000 h.)

Laigle, fabrication d'aiguilles et d'épingles. (5.000 h.)

Vimoutiers (4.000 h.) et *Flers* (11.000 h.), fabrication de toiles dites *cretonnes*.

VIII. MAINE, 2 départements

Orographie. Pays de *plaines* basses au S., se relevant au N. vers les *collines* dites de Normandie.

Hydrographie. *Versant de l'Atlantique,* arrosé par la Mayenne, la Sarthe, l'Huisne et le Loir.

Agriculture. Culture des céréales et du chanvre; élevage de bœufs manceaux et de chevaux percherons; volaille estimée; poules de la Flèche et poulardes du Mans.

Industrie. Un peu de houille et de fer; toiles du Mans, de Laval, de Fresnay (Sarthe).

1. SARTHE

Le Mans †, sur la Sarthe, fait le commerce de toiles et de volailles. Batailles de 1793 et 1871. (50.000 h.)

La Flèche, sur le Loir, a un prytanée ou école militaire. Commerce de poulardes et de chapons dits *du Mans*. (9.500 h.)

Pontvallain, victoire de du Guesclin sur les Anglais, en 1370.

Sablé, traité de 1488, qui mit fin à la guerre *folle*. (6.000 h.)

2. MAYENNE

Laval †, sur la Mayenne, commerce de toiles. (27.000 h.)

IV. RÉGION DE L'OUEST

IX. BRETAGNE, 5 départements

Orographie. Pays de *plaines accidentées,* basses au S.-O., sur la Loire, plus élevées au centre et traversées par les *collines* d'Arrée, du Menez, les montagnes Noires.

Hydrographie. *Versant de la Manche,* arrosé par la Rance et le Trieux. — *Versant de l'Atlantique,* arrosé par l'Odet, le Blavet, la Vilaine, l'Ille, la LOIRE, l'Erdre et la Sèvre-Nantaise.

— *Canal* de Brest à Nantes; canal d'Ille et Rance.

Agriculture. Sol médiocrement fertile: culture du seigle du sarrasin, du chanvre; prairies tourbeuses, où l'on élève un bétail nombreux de petite taille et beaucoup de chevaux; abeilles; huitres de Cancale et de Concarneau (Finistère).

Industrie. Pierre de granit de Bretagne et des îles Chausey, ardoises de Châteaulin, sel marin des salines de Guérande (Loire-Inférieure); plomb argentifère de Poullaouen (Finistère) et de Pont-Péan (Ille-et-Vilaine); tourbe, houille et fer des bords de la Loire; constructions navales de Nantes, d'Indret, de Saint-Nazaire, de Brest, de Lorient; toiles de Landerneau (Finistère), de Morlaix, de Saint-Malo; lainages de Nantes. Pêche de la sardine.

1. ILLE-ET-VILAINE

Rennes ✝, autrefois capitale de la Bretagne, est située au confluent de l'Ille et de la Vilaine. Fabriques de toiles à voiles, et commerce de beurre, miel et volailles. (57.000 h.)

Saint-Malo, à l'embouchure de la Rance, port actif pour la pêche de la morue. Patrie de Jacques Cartier, qui découvrit le Canada, et du célèbre marin Duguay-Trouin. (10.000 h.)

Cancale, ville maritime connue pour ses huîtres. (6.000 h.)

Saint-Aubin-du-Cormier, où le duc d'Orléans, depuis Louis XII, fut fait prisonnier par la Trémoille, en 1488.

2. COTES-DU-NORD

Saint-Brieuc ✝, ville située à 4 kilomètres de la mer, où elle possède un port. Papeteries importantes. (16.000 h.)

3. FINISTÈRE

Quimper ✝, sur l'Odet, commerce de sardines. (14.000 h.)

Brest, port militaire, situé au nord d'une magnifique rade, qui pourrait recevoir toutes les flottes de l'Europe; mais l'entrée en est difficile : elle ne communique avec l'Océan que par l'étroit passage du Goulet. (67.000.)

C'est de Brest que part le câble transatlantique qui relie la France à l'Amérique.

L'île d'*Ouessant* rappelle la bataille navale des Français sur les Anglais, en 1778.

4. MORBIHAN

Vannes ✝, port de pêche sur le Morbihan. (18.000 h.)

Lorient, à l'embouchure du Blavet, port militaire. (35.000 h.)

Auray, ville maritime, célèbre par son pèlerinage de Sainte-Anne, rappelle la bataille de 1364, où Jean de Montfort fit prisonnier du Guesclin, et mit fin à la guerre de la succession de Bretagne. (5.000 h.)

Port-Louis, sur le Blavet, à l'entrée de la rade de Lorient fait la pêche de la sardine. (3.500 h.)

Quiberon, sur la presqu'île de ce nom, rappelle le désastre des émigrés, en 1795.

Josselin rappelle le combat de trente Français contre trente Anglais, en 1351.

5. LOIRE-INFÉRIEURE

Nantes †, port marchand situé à 60 kilomètres de l'embouchure de la Loire, dont la navigation est difficile à cause des bancs de sable. Nantes a des raffineries de sucre et des fabriques de conserves alimentaires. Elle rappelle le célèbre édit de 1598, par lequel Henri IV accordait aux protestants le libre exercice de leur culte. (122.000 h.)

Saint-Nazaire, à l'embouchure de la Loire, est une ville maritime qu'on peut regarder comme le port de Nantes pour les vaisseaux de gros tonnage. (18.000 h.)

Indret, dans une ile, près de Nantes, construction des machines à vapeur pour les bâtiments de l'État.

X. ANJOU, 1 département

Orographie. Pays de *plaines* basses au centre, se relevant un peu vers le S.

Hydrographie. *Versant de l'Atlantique*, arrosé par la LOIRE, la Maine, la Mayenne, la Sarthe et le Loir.

Agriculture. Culture des céréales; bœufs choletais; vins de la Loire; pépinières d'arbres fruitiers.

Industrie. Ardoisières d'Angers, houille de Chalonne, toiles d'Angers; cotonnades et mouchoirs de Cholet.

MAINE-ET-LOIRE

Angers †, sur la Maine, autrefois capitale de l'Anjou, possède une école des arts et métiers, et fabrique des toiles et des cordages pour la marine. Dans les environs se trouvent d'importantes carrières d'ardoises, et de grandes pépinières d'arbres à fruits. (57.000 h.)

Baugé rappelle la victoire de Charles VII sur les Anglais, en 1421. (3.500 h.)

Cholet, fabrication de mouchoirs, commerce de bœufs renommés. (14.000 h.)

Saumur, sur la Loire, a une école de cavalerie. (14.000 h.)

Brissarthe rappelle la mort de Robert le Fort, en 866.

XI. POITOU, 3 départements

Orographie. Pays de *plaines* basses et unies à l'O., un peu relevées à l'E., entourant au centre les *collines* du Poitou ou plateau de Gâtine.

Hydrographie. *Versant de l'Atlantique,* arrosé par la Vienne, la **Creuse** et le Clain, le Thouet, la Sèvre-Nantaise (bassin de la Loire), le Lay, la Sèvre-Niortaise et la Vendée (versant maritime).

Agriculture. Prairies et pâturages où l'on élève des ânes et des mulets renommés et de bons chevaux.

Industrie. Peu développée : granit des monts Gâtine ; sel des marais salants de la Vendée ; houille de Chantonnay (Vendée) ; armes et couteaux de Châtellerault ; ganterie de Niort.

I. VENDÉE

La Roche-sur-Yon tient un grand marché de chiens de chasse. (10.000 h.)

Les Sables-d'Olonne, port de pêche pour la sardine, et bains de mer, sur une plage magnifique. (9.000 h.)

Luçon † communique avec la mer par un canal ; commerce de céréales. Siége d'un évêché qui rappelle Richelieu. (6.000 h.)

L'île de *Noirmoutier* possède des salines.

L'île d'*Yeu* a des pêcheries.

2. DEUX-SÈVRES

Niort, sur la Sèvre-Niortaise, a des fabriques de gants et de confitures d'angélique. (21.000 h.)

Melle fait le commerce des mulets. (2.500 h.)

3. VIENNE

Poitiers †, sur le Clain, l'une des plus anciennes villes des Gaules, rappelle trois batailles célèbres : celle de Vouillé, où Clovis défit les Visigoths, en 507 ; celle de Poitiers, où Charles Martel écrasa les Sarrasins, en 732 ; enfin celle de Maupertuis, où le prince Noir fit prisonnier Jean le Bon, en 1356. (33.000 h.)

Châtellerault, sur la Vienne. Coutellerie renommée et manufacture d'armes. (18.000 h.)

Moncontour, où Coligny fut défait, en 1569, par le duc d'Anjou, depuis Henri III.

V. RÉGION DU CENTRE

—

XII. ORLÉANAIS, 3 départements

Orographie. Pays de *plaines* ondulées ou de plateaux bas, coupés au S. par la *vallée* de la Loire, se relevant au N. par les *collines* du Perche.

Hydrographie. *Versant de la Manche*, arrosé par le Loing et l'Eure. — *Versant de l'Atlantique*, arrosé par la LOIRE, le Loir, le Cher et la Sauldre.

— *Canaux* d'Orléans, de Briare et du Loing.

Agriculture. Culture importante du *blé* dans la Beauce, du safran dans le Gâtinais; vins de la Loire; élevage des chevaux percherons et de nombreux moutons; miel de Montargis. Forêt d'Orléans; pins de la Sologne.

Industrie. Peu développée: vinaigre, lainages et chapellerie d'Orléans.

1. LOIRET

Orléans †, sur la Loire, autrefois capitale de l'Orléanais, fabrique des couvertures et du vinaigre. Orléans fut assiégé en 450 par Attila, et délivré par Aétius, général romain; en 1428, par les Anglais, et délivré par Jeanne d'Arc. Bataille de 1870. (52.000 h.)

Montargis, sur le Loing, cultive le safran. (9.000 h.)

Pithiviers. Commerce de safran, de pâtés d'alouettes et de miel du Gâtinais. (5.000 h.)

Briare, sur la Loire et à la jonction du canal de Briare et du canal latéral à la Loire. (5.000 h.)

Beaugency et *Jargeau*, sur la Loire, commerce de vins.

Patay, où Jeanne d'Arc défit les Anglais, en 1429.—Bataille de 1870.

Coulmiers, victoire sur les Prussiens, en 1870.

Beaune-la-Rolande, bataille de 1870.

2. EURE-ET-LOIR

Chartres †, sur l'Eure, fait le commerce des grains de la Beauce. Belle cathédrale gothique. Henri IV y fut sacré, en 1594. Patrie du général Marceau. (20.000 h.)

Châteaudun, sur le Loir; défense héroïque, en 1870. (7.000 h.)

Dreux rappelle la victoire gagnée par le duc de Guise sur le prince de Condé, en 1562. (8.000 h.)

Bretigny, près de Chartres, rappelle le traité de 1360, entre Jean le Bon et Édouard III, roi d'Angleterre.

3. LOIR-ET-CHER

Blois †, sur la Loire, possède un château auquel se rattachent beaucoup de souvenirs historiques. Le duc Henri de Guise et le cardinal de Lorraine, son frère, y furent assassinés, en 1588. (21.000 h.)

Chambord, château bâti par François Ier.

XIII. TOURAINE, 1 département

Orographie. Pays de *plaines* basses, coupé au centre par la vallée de la Loire.

Hydrographie. *Versant de l'Atlantique,* arrosé par la LOIRE, le Cher, l'Indre et la Vienne.

Agriculture. La vallée de la Loire est très bien cultivée en plantes potagères et fourragères et en vignobles, ce qui a fait surnommer la Touraine le jardin de la France ; mais le reste du pays est moins riche. Colonie agricole de Mettray.

Industrie. Poudrerie du Ripault, sur l'Indre ; lainages et soieries de Tours. Cette ville possède l'une des plus grandes imprimeries de France.

INDRE-ET-LOIRE

Tours ☨, sur la Loire, autrefois capitale de la Touraine, possède une grande imprimerie et des fabriques de soieries. Dans les environs, ruines du célèbre monastère de Marmoutier, fondé par saint Martin, et du château du Plessis-lez-Tours, où Louis XI passa les dernières années de sa vie. (48.000 h.)

Amboise, sur la Loire, a un château qui rappelle la conjuration de 1560.

Mettray a une colonie agricole de jeunes détenus.

XIV. BERRY, 2 départements

Orographie. Pays de *plaines* accidentées à l'O., de plateaux bas et de *collines* à l'E. et au S.

Hydrographie. Versant de *l'Atlantique,* arrosé par la LOIRE, l'Allier, le Cher, la Sauldre, l'Arnon, l'Indre et la Creuse.

— *Canal* du Berry ; canal latéral à la Loire.

Agriculture. Culture des céréales ; vins du Cher ; élevage des moutons dits berrichons ; poissons des étangs de la Brenne et de la Sologne.

Industrie. Pierres lithographiques de Châteauroux ; minerai de fer abondant ; forges importantes de Bourges et des environs ; fonderie de canons de Bourges ; porcelaine de Vierzon, lainages de Châteauroux.

1. INDRE

Châteauroux, sur l'Indre, possède une manufacture de tabacs. (19.000 h.)

2. CHER

Bourges ☨, autrefois capitale du Berry, a des fabriques de draps et de toiles peintes, et une importante fonderie de canons. Belle cathédrale ; palais de Jacques Cœur, aujourd'hui le palais de justice. Patrie de **Jacques Cœur**, de Bourdaloue. (36.000 h.)

Vierzon, sur le Cher, manufactures de porcelaine. (8.000 h.)

XV. NIVERNAIS, 1 département

Orographie. Pays de *plateaux accidentés*, bordé à l'O. par la vallée de la Loire, relevé à l'E. par les *monts du Morvan*, et au N. par les monts du *Nivernais*.

Hydrographie. *Versant de la Manche*, arrosé par l'**Yonne**. — *Versant de l'Atlantique*, arrosé par la LOIRE, l'Allier, la Nièvre.

— *Canal* du Nivernais, canal latéral à la Loire.

Agriculture. Prairies naturelles nourrissant des bœufs morvandeaux et des bœufs charolais renommés ; forêts abondantes qui approvisionnent Paris de bois de chauffage.

Industrie. Fer et houille de Decize, fer et forges de Nevers, de Fourchambault, d'Imphy.

— *Eaux minérales* de Pougues.

NIÈVRE

Nevers ✝, au confluent de la Nièvre et de la Loire, autrefois capitale du Nivernais, fait le commerce de fers, vins, faïence ; fonderie de canons pour la marine. (23.000 h.)

Cosne, sur la Loire, fabrique d'ancres pour la marine. (7.000 h.)

Fourchambault, la Chaussade et *Imphy*, près de Nevers, métallurgie très active.

XVI. BOURBONNAIS, 1 département

Orographie. Pays de *plaines* accidentées au N. et de plateaux relevés au S. par les *monts* de la Madeleine.

Hydrographie. *Versant de l'Atlantique*, arrosé par la LOIRE, l'Allier, la Sioule et le Cher.

— *Canal* du Berry, canal latéral à la Loire.

Agriculture. Céréales ; vins ordinaires ; pâturages et bestiaux bourbonnais.

Industrie. Houille et forges de Montluçon, de Commentry ; couteaux de Moulins ; glaces de Montluçon ; cotonnades de Vichy.

— *Eaux minérales* de Vichy, de Néris et de Bourbon -l'Archambault.

ALLIER

Moulins †, sur l'Allier, autrefois capitale du Bourbonnais, possède le tombeau du maréchal de Montmorency. Patrie de Villars. (22.000 h.)

Montluçon, sur le Cher et à la naissance du canal du Berry, a une **manufacture de glaces**. (23.000 h.)

Vichy (6.500 h.), sur l'Allier ; *Néris* (2.000 h.), près de Montluçon, et *Bourbon-l'Archambault* (4.000 h.), près de Moulins, ont des eaux minérales.

Commentry a des forges et des mines de houille. (13.000 h.)

XVII, XVIII. MARCHE, LIMOUSIN, 3 départements

Orographie. Pays de *plaines* ondulées à l'O. et au S., relevées au centre par les *monts du Limousin*.

Hydrographie. *Versant de l'Atlantique*, arrosé par la Vienne, la Creuse, la Gartempe, la Dordogne, l'Isle, la Vézère et la Corrèze.

Agriculture. Pâturages et élevage de chevaux dits *limousins*, d'excellents mulets et de nombreux moutons.

Industrie. Le granit ; le kaolin, la porcelaine de Saint-Yrieix et de Limoges ; la houille d'Ahun (Creuse) ; les armes de Tulle ; les tapis d'Aubusson et de Felletin (Creuse).

1. CREUSE

Guéret, à 5 kilomètres de la Creuse ; filatures. (6.000 h.)

Aubusson, sur la Creuse, fabrication de tapis. (7.000 h.)

2. HAUTE-VIENNE

Limoges †, sur la Vienne, autrefois capitale du Limousin, fabrication de porcelaines. Commerce de grains. (59.000 h.)

Saint-Yrieix, exploitation de kaolin, et manufacture de porcelaine. (7.500 h.)

3. CORRÈZE

Tulle †, sur la Corrèze, manufacture d'armes à feu. (15.000 h.)

XIX. AUVERGNE, 2 départements

Orographie. Pays de *montagnes* et de volcans éteints (monts d'Auvergne), coupé du Sud au N. par la profonde vallée de l'Allier ou de la Limagne.

Hydrographie. *Versant de l'Atlantique*, arrosé par l'Allier et la Sioule, affluents de la Loire; — par la Dordogne, la Cère, la Truyère, affluents de la Garonne.

Agriculture. Fruits et froment dans la riche vallée de la Limagne; sur les plateaux, seigle, sarrasin, pâturages nourrissant un bétail rustique; châtaigneraies.

Industrie. Exploitation de lave et basalte de Volvic (Puy-de-Dôme); asphalte de Pont-du-Château (Puy-de-Dôme); houille de Saint-Eloi (Puy-de-Dôme); plomb de Pontgibaud (Puy-de-Dôme); chaudronnerie d'Aurillac; coutellerie de Thiers (Puy-de-Dôme). — Dentelles communes; pâtes alimentaires et fruits confits de Clermont.

— *Eaux minérales* de Mont-Dore (Puy-de-Dôme), de Chaudes-Aigues.

1. PUY-DE-DOME

Clermont-Ferrand †, autrefois capitale de l'Auvergne, a des fabriques de pâtes alimentaires. Fontaine pétrifiante de Saint-Allyre. Patrie de Grégoire de Tours et de Pascal. La première croisade y fut prêchée par le pape Urbain II, en 1095. Dans les environs était Gergovia, où César fut battu par les Gaulois. (42.000 h.)

Thiers, fabriques importantes de coutellerie. (16.000 h.)

2. CANTAL

Aurillac, fabrication de chaudronnerie; commerce de fromages et de bœufs. (11.000 h.)

Saint-Flour †, tanneries et colle-forte. (5.500 h.)

Chaudes-Aigues, eaux thermales dont la température s'élève entre 60° et 80° centigrades, et qui sont employées à tous les usages domestiques; elles chauffent pendant l'hiver l'intérieur des maisons. (1.800 h.)

VI. RÉGION DU SUD-OUEST

—

XX, XXI. ANGOUMOIS, SAINTONGE et AUNIS
2 départements

Orographie. Pays de *plaines* basses à l'O., un peu relevées à l'E. par les *collines* de l'Angoumois.

Hydrographie. *Versant de l'Atlantique*, arrosé par la Sèvre-Niortaise, la Charente, la Boutonne, la Seudre et la GIRONDE.

Agriculture. Culture des céréales, prairies naturelles et artificielles; vignobles importants produisant des vins à transformer en *eaux-de-vie* dites de Cognac, etc.; *huîtrières* de Marennes.

Industrie. Exploitation des *marais salants* sur les bords de la mer et dans les iles de Ré et d'Oleron; pierres de taille; poudrerie et papeterie d'Angoulême; constructions navales de Rochefort.

1. CHARENTE

Angoulême † a des papeteries importantes. (31.000 h.)

Cognac, sur la Charente, est le centre du commerce des eaux-de-vie dites *de Cognac*. (15.000 h.)

Ruelle, fonderie de canons pour la marine.

2. CHARENTE-INFÉRIEURE

La Rochelle †, port marchand, situé au fond d'un petit golfe, sur l'Océan. Pendant les guerres de religion, elle était le principal boulevard des protestants, et leur fut enlevée en 1628, après un siége mémorable. Patrie du célèbre physicien Réaumur. (20.000 h.)

Marennes fait le commerce d'eaux-de-vie et d'huîtres vertes. (4.500 h.)

Rochefort, port militaire sur la Charente, à 16 kilomètres de l'Océan. (27.000 h.)

Saintes (14.000 h.) et *Taillebourg*, sur la Charente, rappellent les victoires de saint Louis sur les Anglais, en 1242.

Les iles de *Ré* et d'*Oleron*, commerce de sel et d'huîtres.

XXII. GUYENNE, 6 départements

Orographie. Pays de *plaines* basses à l'O., sur la Gironde, accidentées au centre, se relevant au N. et à l'E. en larges *plateaux montagneux* (monts d'Aubrac), coupés de vallées profondes.

Hydrographie. *Versant de l'Atlantique*, arrosé par la GARONNE, le Tarn, l'Aveyron et le Viaur, le Lot, la Truyère et la Cère, la Dropt, la Dordogne, la Vézère, l'Isle et la Dronne.

Agriculture. Culture du maïs, du lin, du tabac; *vins* très renommés de Bordeaux, du Médoc, de Sauterne; *eaux-de-vie* d'Armagnac; pâturages et châtaigneraies dans le plateau central; élevage des moutons, des bœufs de l'Agénois; fromages de Roquefort; pruneaux d'Agen.

Industrie. Pierres meulières de Bergerac; fers du Périgord et forges de Nontron; houille, fer et forges de Decazeville et d'Aubin; constructions navales de Bordeaux.

1. GIRONDE

Bordeaux ✝, sur la Garonne, autrefois capitale de la Guyenne, troisième port de la France, fait un grand commerce de vins, eaux-de-vie et liqueurs. Pont magnifique sur le fleuve. (215.000 h.)

Lesparre. Commerce de vins du Médoc. (4.000 h.)

Libourne, port très actif. (15.000 h.)

Arcachon, sur le bassin du même nom, parcs aux huîtres et bains de mer. (5.000 h.)

Castillon rappelle la victoire des Français sur les Anglais, en 1453. Talbot, général anglais, y fut tué.

2. DORDOGNE

Périgueux ✝, sur l'Isle. Commerce de porcs, de truffes et de pâtés truffés. (24.000 h.)

Bergerac, sur la Dordogne. Commerce de pierres meulières. (13.000 h.)

3. LOT

Cahors ✝, ville située dans une presqu'île formée par le Lot. Commerce de vins, d'huiles et de truffes. (14.000 h.)

4. AVEYRON

Rodez ✝, fabriques de tricots et de couvertures de laine. Belle cathédrale. (13.000 h.)

Millau, sur le Tarn. Ganteries et tanneries. (16.000 h.)

Aubin (10.000 h.) et *Decazeville* (10.000 h.), exploitation de houille et forges importantes.

Roquefort, fromage de brebis renommé.

5. LOT-ET-GARONNE

Agen ✝, sur la Garonne, commerce de pruneaux. Patrie du naturaliste Lacépède. (20.000 h.)

Tonneins a une manufacture de tabac. (8.000 h.)

6. TARN-ET-GARONNE

Montauban ✝, sur le Tarn, a des manufactures de cotonnades et de bas de soie. Cette ville, pendant les guerres de religion, était une des principales places d'armes des protestants. Richelieu la prit, en 1629, et en fit raser les fortifications. (27.000 h.)

Moissac, sur le Tarn, commerce de grains et de farines. (9.000 h.)

XXIII. GASCOGNE, 3 départements

Orographie. Pays de *plaines* au N.-O., dans les Landes, de plateaux au centre et de *hautes montagnes* au S., dans les Pyrénées.

Hydrographie. *Versant de l'Atlantique*, arrosé par le Gers et la Baïse, la Douze, la Midouze, le Luy de Béarn et le Gave de **Pau.**

Agriculture. Culture du maïs et du lin; pâturages nourrissant des mulets, des moutons, des chèvres et un bétail rustique; pins des Landes donnant la résine; chêne-liége.

Industrie. Marbres; un peu de fer; papeterie et fonderie de Tarbes.

— *Eaux minérales* de Bagnères-de-Bigorre, de Baréges, etc.

1. GERS

Auch ✝, sur le Gers, a une belle cathédrale. (14.000 h.)

Condom fait le commerce d'eau-de-vie d'Armagnac. (8.000 h.)

2. LANDES

Mont-de-Marsan, commerce de résine. (9.000 h.)

Dax, sur l'Adour, a des eaux thermales et fait le commerce de résine et de bouchons de liége. Dans les environs se trouve le village de **Pouy**, patrie de saint Vincent de Paul. (10.000 h.)

Aire ✝ est le siége d'un évêché. (5.000 h.)

3. HAUTES-PYRÉNÉES

Tarbes ✝, sur l'Adour. Commerce de chevaux, papeteries renommées, arsenal d'artillerie. (21.000 h.)

Bagnères-de-Bigorre, sur l'Adour, a des eaux thermales très fréquentées. (10.000 h.)

Baréges, Cauterets et *Saint-Sauveur* sont des villages célèbres par leurs **eaux minérales.**

Gavarnie, village bâti près d'un vaste cirque de rochers, où le Gave de Pau forme une cascade de 400 mètres d'élévation.

Lourdes, petite ville sur le Gave de Pau, célèbre par la grotte de **Massabielle**, lieu de pèlerinage très fréquenté. (5.500 h.)

XXIV. BÉARN, 1 département

Orographie. Pays pyrénéen, *montagneux*, très élevé au S., s'abaissant vers le N. en collines et en plateaux.

Hydrographie. *Versant de l'Atlantique,* arrosé par l'Adour, le Gave de Pau, le Gave d'Oloron, la Nive.

Agriculture peu progressive : beaucoup de terres incultes ; maïs et vignobles ; pâturages où l'on élève de petits chevaux navarrais.

Industrie. Calcaires et marbres ; toiles de lin ; chocolats et jambons de Bayonne.

— *Eaux minérales* des Eaux-Bonnes et des Eaux-Chaudes ; bains de mer de Biarritz.

BASSES-PYRÉNÉES

Pau, sur le Gave de ce nom, autrefois capitale du Béarn, fait le commerce de chevaux et de mulets. Château où naquit Henri IV. (29.000 h.)

Bayonne †, sur l'Adour, port marchand et place forte. Ses chocolats sont très renommés. (27.000 h.)

Orthez est le centre de la préparation des jambons dits *de Bayonne.* (7.500 h.)

Biarritz, près de Bayonne, a des bains de mer très fréquentés. (6.000 h.)

Eaux-Bonnes et *Eaux-Chaudes* sont des villages renommés pour leurs eaux minérales.

VII. RÉGION DU SUD

XXV. COMTÉ DE FOIX, 1 département

Orographie. Pays pyrénéen, montagneux, très élevé au S., s'abaissant vers le N.

Hydrographie. *Versant de l'Atlantique,* arrosé par l'Ariège, le Lers et la Salat, affluents de la Garonne.

Agriculture. Pâturages ; élevage de bétail, de moutons et de mulets.

Industrie. Marbres des Pyrénées ; fer excellent, acier, forges de Vicdessos, de Foix et de Pamiers.

— *Eaux minérales* d'Ax.

ARIÈGE

Foix a des forges et des fabriques d'acier. (6.000 h.)

Pamiers †, commerce de fers et aciers. (9.000 h.)

XXVI. ROUSSILLON, 1 département

Orographie. Pays pyrénéen, très montagneux au S.-O., s'abaissant au N.-E. sur le littoral.

Hydrographie. *Versant de la Méditerranée,* arrosé par la Tet, le Tech et les sources de l'Aude.

Agriculture. Culture des céréales, de la vigne, de l'olivier, du mûrier; vins de Rivesaltes; pâturages et élevages de moutons; miel excellent.

Industrie. Marbres des Pyrénées; un peu de fer.

— *Eaux minérales* d'Amélie-les-Bains, près de Céret.

PYRÉNÉES-ORIENTALES

Perpignan †, place forte sur la Tet, est le centre de la défense des Pyrénées orientales. Commerce de miel, de vins et de bouchons de liége. (28.000 h.)

Port-Vendres, port en relation avec l'Algérie.

XXVII. LANGUEDOC, 8 départements

Orographie. Pays généralement *montagneux,* excepté sur les côtes de la Méditerranée, qui sont basses et bordées de lagunes. Il est formé au S.-O. par le massif des Pyrénées, au centre par les montagnes Noires et les Garrigues, au N. par le haut plateau central et la chaîne des Cévennes.

Hydrographie. *Versant de l'Atlantique,* arrosé par la LOIRE, l'Allier supérieur, la GARONNE, l'Ariége, le Tarn et l'Agout. — *Versant de la Méditerranée,* arrosé par l'Aude, l'Orb, l'Hérault; le RHÔNE, l'Érieux, l'Ardèche, la Cèze et le Gard.

— *Canaux* du Midi, des Étangs et de Beaucaire.

Agriculture. Productions variées. Culture du maïs, du blé, du tabac, du safran, surtout de la vigne : le bas Languedoc, notamment le département de l'Hérault, est le pays de la France qui produit le plus de *vins* (Frontignan, Lunel), en partie convertis en alcools ou eaux-de-vie de Montpellier, de Béziers. Culture du mûrier et élève du ver à soie; culture de l'olivier, de l'amandier, du figuier, dans la plaine, et du châtaignier sur le plateau central; pâturages, élevage des moutons et des abeilles, miel de Narbonne.

Industrie. Marbre de Saint-Béat (Haute-Garonne); production importante de sel dans les salines qui bordent la Méditerranée. Houille de la Grand'Combe et de Saint-Gervais (Hérault); zinc de Robiac (Gard); fer de l'Ardèche; forges de la Voulte (Ardèche), Bessèges, Alais, Carmaux (Tarn) et Toulouse. — Dentelles du Puy, cotonnades de Toulouse; lainages de Carcassonne, Castres, Mazamet, Bédarieux (Hérault); soieries de Nîmes, d'Aubenas; papier d'Annonay.

— *Eaux minérales* de Bagnères-de-Luchon, de Vals (Ardèche).

1. HAUTE-GARONNE

Toulouse ☩, à la jonction de la Garonne et du canal du Midi, est un grand marché pour les vins, les blés, les laines, les fers; elle a des fabriques de faux, de limes et d'acier. Belle cathédrale, église romane de Saint-Sernin ou Saturnin. Elle a un Capitole ou hôtel de ville et une académie des Jeux-Floraux. (132.000 habitants.)

Bagnères-de-Luchon, dans le massif des Pyrénées, a des eaux sulfureuses très fréquentées. (4.000 h.)

2. TARN

Albi ☩, sur le Tarn, a donné son nom à la secte des Albigeois. Patrie du navigateur la Pérouse. (19.000 h.)

Castres (26.000 h.) et *Mazamet* (14.000 h.), fabrication de gros drap pour l'armée.

3. AUDE

Carcassonne ☩, sur l'Aude, fabrique de draps. La *Cité*, ou ville haute, est un curieux ensemble de constructions féodales. (26.000 h.)

Limoux, sur l'Aude, fait le commerce d'un vin blanc connu sous le nom de *blanquette de Limoux*. (7.000 h.)

Narbonne. Commerce de miel renommé. (20.000 h.)

4. HÉRAULT

Montpellier ☩ a une école de médecine. Commerce de vins et d'eaux-de-vie dites *de Montpellier*. (55.000 h.)

Béziers fait le commerce d'eaux-de-vie. Patrie de Paul Riquet, à qui l'on doit le canal du Midi. (38.000 h.)

Lodève, fabrication de drap pour l'armée. (10.000 h.)

Cette, port marchand sur la Méditerranée. (29.000 h.)

Lunel (8.000 h.) et *Frontignan* (4.000 h.), commerce de vins muscats.

Pézenas, commerce de spiritueux. (8.000 h.)

5. GARD

Nîmes ☩ fait le commerce de soie, de vins, eaux-de-vie, graines oléagineuses. Belles antiquités romaines: l'Amphithéâtre ou les Arènes, la Maison-Carrée, la tour Magne, le temple de Diane, la fontaine. (63.000 h.)

Alais exploite des mines de houille et de fer. (21.000 h.)

La Grand'Combe (10.000 h.) et *Bessèges* (11.000 h.) exploitent des mines importantes de houille.

Aigues-Mortes est situé près d'un golfe où saint Louis s'embarqua pour les croisades, en 1248 et 1270. (4.000 h.)

Beaucaire, sur le Rhône, foire autrefois célèbre. (9.000 h.)

6. ARDÈCHE

Privas, grand commerce de cuirs et de soie. (8.000 h.)

Annonay fabrique du papier et prépare des peaux de chevreau pour la ganterie. Patrie des frères Montgolfier, inventeurs des ballons. (16.000 h.)

Aubenas, sur l'Ardèche, marché de soie. (8.000 h.)

Viviers †, sur le Rhône. (3.000 h.)

7. LOZÈRE

Mende †, sur le Lot, fabrication et commerce de serges. (7.000 h.)

Châteauneuf-Randon rappelle la mort de du Guesclin, 1380.

8. HAUTE-LOIRE

Le Puy †, près de la Loire, bâti en amphithéâtre sur la pente du mont Corneille, que surmonte la statue colossale de Notre-Dame de France, est un centre de fabrication de dentelles. (19.000 h.)

VIII. RÉGION DE L'EST

—

XXVIII. LYONNAIS, 2 départements

Orographie. Pays *montagneux*, formé à l'O. par la chaine du Forez, au centre par la chaine du Lyonnais et du Beaujolais, traversé par la vallée de l'Allier.

Hydrographie. *Versant de l'Atlantique*, arrosé par la LOIRE supérieure. — *Versant de la Méditerranée*, arrosé par le RHÔNE et la Saône.

Agriculture. Peu de céréales, excepté dans la vallée de la Loire; vins du Beaujolais; pâturages, moutons et chèvres; fromages du Mont-d'Or.

Industrie. Houille du bassin de Saint-Étienne; forges, ateliers de construction, fonderies de fer et d'acier de Saint-Étienne, de Rive-de-Gier, de Firminy, de Terre-Noire et des localités environnantes (Loire); verreries de Rive-de-Gier et de Givors. Cotonnades de Tarare et de Roanne; soieries riches et chapellerie de Lyon; rubans et velours de Saint-Étienne.

— *Eaux minérales* de Saint-Galmier.

1. RHONE

Lyon ‡, au confluent du Rhône et de la Saône, autrefois capitale du Lyonnais, grande place forte, est la deuxième ville de France par sa population et son commerce;
c'est le centre principal de l'industrie de la soie en Europe. En 1793, Lyon soutint un siége de deux mois contre
la Convention. Patrie de Jacquart, inventeur du métier à
tisser les étoffes brochées, dit métier *à la Jacquart*.
(343.000 h.)

Villefranche, sur la Saône; fabriques de cotonnades.
(12.000 h.)

Tarare, au pied du mont Tarare. Mousselines. (14.000 h.)

Saint-Cyr, près de Lyon, fabrique les fromages de chèvre
dits du *Mont-d'Or*.

2. LOIRE

Saint-Étienne, sur le Furens, est une grande
ville industrielle, connue par sa rubanerie en soie, ses
usines métallurgiques, ses armes et son charbon de
terre. (126.000 h.)

Roanne, sur la Loire; manufactures de cotonnades.
(23.000 h.)

Rive-de-Gier a des mines de houille, des **verreries et des**
usines pour le fer. (15.000 h.)

Saint-Chamond, houille, usines à fer, fabrication de rubans
et de lacets. (14.000 h.)

Saint-Galmier a des eaux minérales renommées.

XXIX. BOURGOGNE, 4 départements

Orographie. Pays de *collines* et de *plateaux* à l'O., dans le
Morvan; plaine de la Saône au centre; collines et montagnes
du Jura, au S -E.

Hydrographie. *Versant de la Manche*, arrosé par la SEINE,
l'Yonne et l'Armançon; la LOIRE et l'Arroux. — *Versant de
la Méditerranée*, arrosé par le RHÔNE, l'Ain, la Saône, l'Ou-
che, le Doubs et la Seille.

— *Canaux* de Bourgogne, du Nivernais et du Centre.

Agriculture. Culture des céréales, du maïs et surtout de la
vigne, qui donne les vins dits de Bourgogne, de Beaune, Nuits,
Clos-Vougeot, etc.; moutarde de Dijon. Prairies et élevage
d'excellents bœufs charolais, de moutons bourguignons; forêts
nombreuses dans les montagnes; marais insalubres et étangs
poissonneux dans la Dombes.

Industrie. Pierres lithographiques de Belley; chaux et
ciment de Pouilly (Côte-d'Or); pierre de taille de Tonnerre
et de Tournus (Saône-et-Loire); asphalte de Seyssel (Ain);
fer et forges importantes de Châtillon; houille, métallurgie,

verreries du Creuzot, de Blanzy et d'Epinac (Saône-et-Loire);
manganèse de Romanèche (Saône-et-Loire).

1. AIN

Bourg, commerce de poulardes, belle église de N.-D.
de Brou. (16.000 h.)

Gex, près de la frontière de la Suisse, fait le commerce des
fromages dits *de Gex*. (3.000 h.)

Belley †, pierres lithographiques. (5.000.)

2. SAONE-ET-LOIRE

Mâcon, sur la Saône. Grand commerce de vins dits
du Mâconnais. Patrie de Lamartine. (18.000 h.)

Autun † possède des antiquités romaines. (13.000 h.)

Châlon-sur-Saône, ville commerçante, à la jonction de la
Saône et du canal du Centre. (21.000 h.)

Charolles, commerce de bœufs renommés. (3.000 h.)

Digoin, sur la Loire, est au point de jonction du canal de
Roanne, du canal latéral à la Loire et du canal du Centre.

Le Creuzot a des mines de houille, et possède l'établissement métallurgique le plus important de la France. (26.000 h.)

Cluny, célèbre par son ancienne abbaye de bénédictins.

Verdun-sur-Doubs, traité célèbre de 843, entre les fils de Louis
le Débonnaire, qui se partagent l'empire de Charlemagne en
trois États : la France, l'Allemagne et l'Italie. (16.000 h.)

3. COTE-D'OR

Dijon †, sur le canal de Bourgogne, autrefois capitale
des ducs de Bourgogne. Commerce de vins, vinaigres et
moutarde; patrie de saint Bernard, de Bossuet. (48.000 h.)

Beaune est le centre de production des meilleurs vins de
Bourgogne (*Clos-Vougeot, Nuits, Pomard, Volnay*, etc.).
(12.000 h.)

Châtillon-sur-Seine, importante par ses forges, rappelle
le congrès de 1814. (5.000 h.)

Fontaine-Française, où Henri IV défit Mayenne et les Espagnols en 1595.

Alise, au pied du mont Auxois, sur lequel on pense qu'était
Alesia, où Vercingétorix se rendit à César, 51 ans avant J.-C.

4. YONNE

Auxerre, sur l'Yonne, fait le commerce de vins et de
bois de chauffage. Belle cathédrale gothique. (16.000 h.)

Sens †, sur l'Yonne. C'est le centre du commerce des
briques, tuiles et carreaux dits *de Bourgogne*. Belle cathédrale.
(12.000 h.)

Chablis, vins blancs renommés.

Fontenay-en-Puisaye fut le théâtre de la bataille de 841, entre les fils de Louis le Débonnaire.

Vézelay possède encore l'église où saint Bernard prêcha la deuxième croisade, en 1146.

XXX. FRANCHE-COMTÉ, 3 départements

Orographie. Pays de *plaines* unies à l'O., sur la Saône, accidentées et se relevant à l'E. et au N. par les *montagnes* du Jura et des Vosges.

Hydrographie. *Versant de la Méditerranée,* arrosé par l'Ain, la Saône, l'Oignon et le Doubs.

— *Canal* du Rhône au Rhin.

Agriculture. Culture des céréales, du maïs et de la vigne; vins d'Arbois, de Château-Chalon et de l'Etoile; pâturages et excellents bestiaux dits comtois; fabrication de fromages renommés dits Gruyères; forêts des Vosges et du Jura.

Industrie. Sel gemme de Salins (Jura) et de Lons-le-Saunier; houille de Ronchamp Haute-Saône); forges d'Audincourt (Doubs) et de Champagnole (Jura); fabrication active d'horlogerie de Besançon et du Jura.

— *Eaux minérales* de Luxeuil et de Baume-les-Dames.

1. HAUTE-SAONE

Vesoul, au pied d'une butte conique, dont les pentes sont couvertes de vignobles. (9.000 h.)

Gray possède de nombreux moulins à farine. (7.000 h.)

Luxeuil, au pied des Vosges, est connue pour ses eaux minérales et son ancienne abbaye.

Héricourt et *Villersexel*, batailles de 1871.

2. DOUBS

Besançon ✝, sur le Doubs, est une place forte. Fabriques d'horlogerie commune. (54.000 h.)

Pontarlier, sur le Doubs, est défendue par le *fort de Joux.* — Commerce de bois de sapin. (6.000 h.)

Montbéliard, sur le Doubs, patrie de Cuvier. (9.000 h.)

3. JURA

Lons-le-Saunier doit son nom à ses salines (11.000.)

Saint-Claude ✝, fabrication de tabletterie et d'ouvrages au tour, appelés *articles de Saint-Claude.* (7000 h.)

IX. RÉGION DU SUD-EST

—

XXXI. SAVOIE, 2 départements

Orographie. Pays *alpestre*, ou entièrement couvert par les ramifications des grandes Alpes, qui sont surmontées de *glaciers* et de neiges perpétuelles, et entrecoupées de vallées profondes.

Hydrographie. *Versant de la Méditerranée*, baigné par les *lacs* de Genève, d'Annecy et du Bourget, et arrosé par le RHÔNE, l'Arve, le Fier, l'Isère et l'Arc.

Agriculture. Peu de céréales, *alpages* ou pâturages des montagnes, élève de bestiaux, de chèvres, de moutons et d'abeilles; fabrication de fromages.

Industrie peu développée. *Eaux minérales* d'Aix-les-Bains et de Saint-Gervais (Haute-Savoie).

1. HAUTE-SAVOIE

Annecy †, sur le lac de ce nom, est le siège d'un évêché illustré par saint François de Sales. (11.000 h.)

2. SAVOIE

Chambéry ‡, autrefois capitale de la Savoie. (19.000 h.)

Moutiers-en-Tarentaise †, sur l'Isère. (2.000 h.)

Saint-Jean-de-Maurienne †, sur l'Arc. (3.000 h.)

Aix-les-Bains, près du lac du Bourget, a des eaux sulfureuses (4.500 h.)

Modane, sur l'Arc, village où commence le grand tunnel dit du *Mont-Cenis*, long de 12 kilomètres et traversant les Alpes pour déboucher en Italie à la Bardonnèche, sur la Doria.

XXXII. DAUPHINÉ, 3 départements

Orographie. Pays *alpestre*, presque entièrement couvert par les ramifications des Alpes, dont les hauts sommets sont couronnés de *glaciers* et de neiges perpétuelles. Des vallées profondes s'ouvrent à l'O. sur la grande vallée du Rhône.

Hydrographie. *Versant de la Méditerranée*, arrosé par le RHÔNE, l'Isère et le Drac; la Drôme, le Roubiou, le Lez et la Durance.

Agriculture. Peu de céréales; culture du maïs, du chanvre, du mûrier, du noyer; alpages ou pâturages des montagnes; élevage des moutons, des chèvres, du ver à soie, des abeilles.

Industrie. Fer et forges d'Allevard (Isère); toiles de Voiron; lainages de Vienne; soieries de Valence; gants de Grenoble; liqueurs de la Grande-Chartreuse.

— *Eaux minérales* d'Uriage (Isère) et d'Allevard.

I. ISÈRE

Grenoble †, place forte sur l'Isère, autrefois capitale du Dauphiné. Fabrication de gants et de liqueurs. Patrie du mécanicien Vaucanson. Bayard est né à Pontcharra, aux environs de Grenoble. (45.000 h.)

Vienne, sur le Rhône, est l'une des plus anciennes villes des Gaules; fabriques de draps. (27.000 h.)

La Grande-Chartreuse est un célèbre monastère situé dans une vallée agreste et sauvage appelée *le Désert*. On y fabrique une liqueur très estimée.

2. DROME

Valence †, sur le Rhône, fait le commerce de vins. (23.000 h.)

Die, sur la Drôme, fait le commerce des vins blancs appelés *Clairette de Die*. (4.000 h.)

Montélimar, sur le Rhône. Commerce de soie; nougats renommés. (12.000 h.)

Tain, sur le Rhône, est au pied du coteau de l'Hermitage, célèbre par ses vins. (3.000 h.)

3. HAUTES-ALPES

Gap †, sur la Luye, est à 800 mètres d'altitude. (9.000 h.)

Briançon (4.500 h.), à 1.306 mètres d'altitude, et **Embrun** (4.000 h.), à 930 m., sont deux places fortes qui défendent la vallée de la Durance.

XXXIII, XXXIV. PROVENCE, le COMTAT et NICE
5 départements

Orographie. Pays *alpestre* ou couvert par les ramifications des Alpes, qui sont très élevées dans les parties orientales, et qui s'abaissent en montagnes moyennes au centre et en légères collines à l'O., pour se terminer dans la plaine du delta du Rhône.

Hydrographie. *Versant de la Méditerranée,* arrosé par le RHÔNE, la Sorgues, la Durance et le Verdon, et par les rivières maritimes l'Arc, l'Argens, le Var et la Roya.

— *Canaux* d'Arles et de Saint-Louis.

Agriculture variée, mais peu progressive. Culture de la vigne, du mûrier, de l'olivier, de l'oranger, du tabac; culture du safran et de la garance, dans le Comtat; culture des fleurs odoriférantes à Nice; pâturages, forêts et élève de moutons dans les Alpes.

Industrie. Peu développée dans les montagnes, plus active dans le Comtat et sur la côte; un peu de houille à Aix; forges et constructions navales à Marseille, la Ciotat (Bouches-du-Rhône), la Seyne (Var) et Toulon; lainages, chapellerie et savons de Marseille; soieries d'Avignon; fleurs et parfums de Nice et de Grasse.

1. VAUCLUSE

Avignon †, située sur le Rhône, près du confluent de la Durance, a été le séjour des papes, de 1307 à 1377; on y remarque leur palais et la cathédrale. Commerce de soie, de garance et de chardons cardères. Patrie du peintre Joseph Vernet. (38.000 h.)

Orange, remarquable par son arc de triomphe et ses autres antiquités romaines. (10.000 h.)

Vaucluse, village situé dans une vallée, célèbre par la fontaine d'où jaillit la *Sorgues*.

2. BOUCHES-DU-RHONE

Marseille †, sur la Méditerranée, fondée par une colonie grecque, 600 ans avant Jésus-Christ, est la première ville maritime de la France. Elle exporte des vins, des soieries, et importe les céréales de la mer Noire, des denrées coloniales, etc. Son port est favorisé par l'ouverture du canal de Suez, qui le met en communication avec l'Inde et la Chine. Grand centre d'industrie pour les savons, les huiles, les raffineries de sucre. Patrie du statuaire Puget; elle rappelle le dévouement de Belzunce, son évêque, pendant la peste de 1720. (320.000 h.)

Aix †, autrefois capitale de la Provence, a une école des arts et métiers. Commerce d'huiles d'olives. (29.000 h.)

Arles, autrefois capitale de la Gaule romaine, est sur le Rhône, à l'entrée de l'île de la Camargue. (25.000 h.)

3. VAR

Draguignan a des fabriques de bougies. (9.000 h.)

Toulon, grand port militaire de la Méditerranée. Cette ville fut livrée aux Anglais, en 1793, et reprise après un siège où se révéla le génie militaire de Bonaparte. (71.000 h.)

Brignoles, prunes renommées. (6.000 h.)

Hyères, dans un climat délicieux, près d'une vaste rade fermée par les îles de même nom, fait le commerce d'oranges, de citrons et d'huiles. Patrie de Massillon. (12.000 h.)

Fréjus † a de nombreuses ruines romaines. (3.500 h.)

La Seyne, près de Toulon, grand chantier de constructions navales. (11.000 h.)

4. BASSES-ALPES

Digne †, commerce de fruits secs et confits. (7.000 h.)

5 ALPES-MARITIMES

Nice †, port marchand sur la Méditerranée, fait le commerce des parfumeries, des huiles et des fruits de son riche territoire. Patrie de l'astronome Cassini et du maréchal Masséna. (53.000 h.)

Grasse, fabrication de parfums, d'huiles et d'essences. (13.000 h.)

Cannes, port, rappelle le débarquement de Napoléon à son retour de l'île d'Elbe. (14.000 h.)

Monaco est la capitale d'une petite principauté de 2.000 habitants, qui reste indépendante, bien qu'enclavée dans le département des Alpes-Maritimes.

XXXV. CORSE, 1 département

Orographie. La Corse est une *île haute*, presque entièrement couverte de montagnes très élevées au centre (mont Rotondo), et s'abaissant à l'E. sur une côte basse et bordée de lagunes.

Hydrographie. Cette île, située dans la *Méditerranée*, est arrosée sur le *versant occidental* par le Liamone et le Taravo, et sur le *versant oriental* par le Golo et le Tavignano.

Agriculture. Culture du tabac, de l'olivier, du châtaignier; exploitation des forêts et du chêne-liége; élevage des chèvres et du ver à soie.

Industrie. Exploitation du marbre de Corté, du porphyre de Galeria; fabrication de pâtes alimentaires à Bastia.

— *Eaux minérales* d'Orezza, de Pietrapola.

CORSE

Ajaccio †, ville maritime fortifiée, fait le commerce de corail. Patrie de Napoléon Ier. (17.000 h.)

Bastia, autrefois capitale de l'île, place forte, fabrique des pâtes alimentaires dites *pâtes d'Italie*. (18.000 h.)

Corté possède la statue du grand patriote Pascal Paoli. (5.000 h.)

Calvi, place forte, port. (2.000 h.)

Bonifacio, sur le détroit qui sépare la Corse de la Sardaigne (3.500 h.)

Porto-Vecchio, sur une baie, l'une des plus belles de l'Europe.

Ile-Rousse, petit port florissant, au N. de l'île.

GÉOGRAPHIE PHYSIQUE ET HISTORIQUE
DE LA PALESTINE

1. **Situation géographique.** La Palestine est une petite contrée située au centre de l'ancien monde, dans l'Asie occidentale, sur les bords de la Méditerranée, et dans le voisinage de l'isthme de Suez et de l'Afrique.

2. **Bornes.** La Palestine ancienne était bornée : au nord, par la Phénicie et la Syrie; — à l'est, par le désert de Syrie; — au sud, par le désert d'Arabie; — à l'ouest, par le pays des Philistins et par la Méditerranée, que les Hébreux appelaient la *grande Mer,* ou la mer occidentale.

3. **Étendue.** La superficie de la Palestine égale à peu près celle de trois départements français; elle s'étend du nord au sud sur une longueur d'environ 50 lieues et sur une largeur de 20 à 30 lieues.

4. **Population et gouvernement.** La Palestine compte à peine 250.000 habitants, parmi lesquels il y a peu de Juifs et moins encore de chrétiens catholiques. La plupart sont des Arabes et des Turcs mahométans, ou des Grecs schismatiques. — Depuis les croisades, ce pays dépend de *l'empire turc,* et il est administré, au nom du sultan de Constantinople, par un pacha ou gouverneur résidant à Jérusalem.

5. **Divers noms de la Palestine.** Au temps d'Abraham, la Palestine s'appelait la *terre de Chanaan,* parce qu'elle était habitée par des peuples issus de *Chanaan,* fils de Cham. — Elle fut désignée aux patriarches Abraham, Isaac et Jacob, sous le nom de *terre promise,* parce que Dieu la promettait comme héritage à leurs descendants. — Elle prit le nom de *terre d'Israël,* lorsque les enfants de Jacob ou *Israël* en eurent fait la conquête. — On l'appela *Judée,* après la captivité, parce que les Juifs qui revinrent de Babylone appartenaient presque tous aux tribus de Juda et de Benjamin, et occupèrent l'ancien royaume de Juda. — Les Grecs et les Romains lui donnèrent le nom de *Palestine,* parce qu'elle comprenait alors le *pays des Philistins* ou *Palestins.* — Enfin, nous l'appelons aujourd'hui la *Terre-Sainte,* parce qu'elle a été sanctifiée par la vie et la mort de Notre-Seigneur Jésus-Christ, le Sauveur du monde.

§ I. *Géographie physique*

6. **Aspect physique.** La Palestine est une région généralement montueuse ou *montagneuse,* excepté dans la *plaine*

qui borde la Méditerranée ; elle est sillonnée du nord au sud par une *vallée* large et profonde dans laquelle coule le Jourdain, en y formant trois lacs remarquables. — Son *sol* est très fertile et son *climat* salubre. — La Palestine nourrissait autrefois plusieurs millions d'habitants, mais elle est aujourd'hui dépeuplée et inculte : elle ne présente partout que des collines nues et déboisées, des campagnes arides et pierreuses, et de nombreuses ruines de villes et de bourgades.

7. **Montagnes.** Les montagnes de la Palestine forment une double chaîne : la chaîne orientale et la chaîne occidentale, séparées par la vallée du Jourdain. Elles se rattachent au nord aux monts du *Liban*, célèbres par leurs belles forêts de cèdres; un des plus hauts sommets est le mont *Hermon*, au pied duquel le Jourdain prend sa source.

8. Dans *la chaîne orientale*, on rencontre du nord au sud : — le *mont Galaad*, dont le nom, qui signifie *monceau du témoignage*, vient d'un monument de pierres que Jacob et Laban y élevèrent en témoignage de leur réconciliation; — le *mont Nébo*, d'où Moïse, avant de mourir, contempla la terre promise.

9. Dans *la chaîne occidentale*, on rencontre du nord au sud : — le *mont Thabor*, où s'est transfiguré J.-C; — le *mont Carmel*, où se cacha le prophète Elie; — le *mont Gelboé*, où périrent Saül et Jonathas ; — le *mont Garizim*, où les Samaritains élevèrent un temple pour ne plus aller à Jérusalem. — Dans Jérusalem, on trouve le *mont Moria*, célèbre par le sacrifice d'Abraham et par le temple de Salomon, qui est remplacé aujourd'hui par la mosquée d'Omar; et le *mont Golgotha*, ou *Calvaire*, témoin de la mort du Sauveur ; — à l'est de Jérusalem, le *mont des Oliviers*, d'où J.-C. monta au ciel.

10. **Bassins.** La chaîne montagneuse occidentale divise la Palestine en deux bassins hydrographiques : — 1° à l'ouest, le bassin ou plutôt le versant de la Méditerranée; — 2° à l'est, le bassin du Jourdain ou de la mer Morte.

11. **Versant de la Méditerranée.** La Méditerranée reçoit : — le *Léontès*, qui descend du Liban ; — le torrent de *Cison*, qui rappelle la victoire de Débora et le massacre des prêtres de Baal ; — le torrent de *Sorec*, qui traverse la vallée où Samson fut livré aux Philistins par Dalila ; — le torrent de *Bésor*, sur les bords duquel David laissa une partie de ses gens, lorsqu'il poursuivit les voleurs de Siceleg.

12. **Bassin de la mer Morte.** La mer Morte reçoit le *Jourdain* et plusieurs torrents, dont les plus célèbres dans l'Ecriture sont le torrent de *Carith*, qui rappelle la famine pendant laquelle Dieu nourrit miraculeusement le prophète Élie ; — le *Cédron*, qui coule auprès de Jérusalem, dans la vallée de Josaphat, et qui fut traversé par David, chassé de sa capitale, et par Notre-Seigneur après la trahison de Judas; — l'*Arnon*, qui formait la limite de la Palestine au sud-est.

13. **La mer Morte** occupe la vallée où s'élevaient les villes maudites de Sodome, Gomorrhe, Adama et Séboïm.

Elle est appelée *mer Morte*, parce que ses eaux sont épaisses et immobiles, que nulle plante ne croît sur ses bords et que les poissons ne peuvent y vivre. On l'appelle encore *lac Asphaltite*, à cause de l'asphalte ou bitume qu'elle renferme.

Cette mer n'a pas d'écoulement vers l'Océan. Ses eaux se perdent par évaporation, et son niveau se maintient à plus de 400 mètres au-dessous du niveau de la Méditerranée.

14. **Jourdain.** Le Jourdain est le seul fleuve important de la Palestine. Il prend sa source au Grand-Hermon dans le Liban, forme les lacs de Mérom et de Tibériade, se grossit de l'*Hiéromax*, du *Jabok* et de plusieurs autres torrents, et va se jeter au nord de la mer Morte.

Le Jourdain est célèbre par le passage miraculeux 1° des Israélites, 2° d'Élie et Élisée, et par le baptême de Jésus-Christ.

15. **Lacs.** La Palestine possède trois lacs formés par le Jourdain : au nord, le *lac Mérom* et le *lac de Génésareth*, appelé encore lac de Tibériade et mer de Galilée ; — au sud, le *lac Asphaltite* ou mer Morte. — Ce fut parmi les pêcheurs du *lac de Tibériade* que Notre-Seigneur choisit ses premiers apôtres Pierre et André, Jacques et Jean.

La mer de Galilée rappelle la pêche miraculeuse de saint Pierre et la tempête que Jésus-Christ apaisa d'une seule parole. C'est sur ses bords que Jésus-Christ chassa du corps d'un possédé une légion de démons, — qu'il multiplia une fois sept pains, et une autre fois cinq ; qu'il ressuscita la fille de Jaïre, — et qu'il guérit plusieurs aveugles, le serviteur d'un centurion, la belle-mère de saint Pierre, un paralytique, une femme courbée, et un homme dont la main était desséchée.

§ II. *Divisions historiques*

16. **Division de la Palestine à l'arrivée des Hébreux.** L'Écriture sainte nous apprend que lorsque Josué fit la conquête du pays de Chanaan, il soumit trente-six petits États, formés parfois d'une seule ville avec son territoire, appartenant à sept peuples différents, issus de Chanaan, fils de Cham.

Ces peuples se partageaient ainsi le pays : — à l'est du Jourdain, les *Gergéséens*, les *Hévéens* et les *Amorrhéens* ; — à l'ouest du Jourdain, les *Chananéens* proprement dits, les *Phéréséens*, les *Jébuséens* et les *Hétéens*.

Sur les frontières, on rencontrait : au sud-ouest, les *Philistins* ; — au sud, les *Amalécites* et les *Iduméens*, descendants d'Ésaü ; — à l'est, les *Madianites*, descendants de Madian, fils d'Abraham et de Céthura ; les *Moabites* et les *Ammonites*, descendants de Loth.

17. **Partage de la terre promise.** Les descendants de Jacob formaient treize tribus, parce que la tribu de Joseph était remplacée par celle de ses deux fils, Ephraïm et Manassé.

Josué partagea la terre promise entre douze des treize tribus issues de Jacob [1].

18. La tribu de Lévi, consacrée au sacerdoce, n'eut pas une portion du territoire comme les autres, mais on lui donna quarante-huit villes disséminées dans tout Israël, et appelées *villes lévitiques*; six de ces villes étaient en outre *villes de refuge*, parce qu'elles servaient d'asile à ceux qui s'étaient rendus coupables d'un meurtre involontaire.

Les six villes de refuge étaient : — à l'est du Jourdain, *Gaulon* et *Bozra*, dans la demi-tribu de Manassé; *Ramoth-Galaad*, dans la tribu de Gad ; *Bosor*, dans la tribu de Ruben; — à l'ouest du Jourdain, *Cédès*, dans la tribu de Nephthali, et *Hébron*, dans la tribu de Juda.

19. **Situation des douze tribus.** Sur les douze tribus d'Israël, deux tribus et demie étaient à l'est du Jourdain; et neuf tribus et demie étaient à l'ouest du même fleuve :

A l'ouest du Jourdain, la demi-tribu de *Manassé*, et les tribus de *Gad* et de *Ruben;*

A l'ouest du Jourdain, les tribus d'*Aser*, de *Nephthali*, de *Zabulon* et d'*Issachar*, la demi-tribu de *Manassé*, les tribus d'*Ephraïm*, de *Benjamin*, de *Dan*, de *Siméon* et de *Juda*.

20. **Etendue des royaumes de David et de Salomon.** Sous les règnes glorieux de David et de Salomon, les Israélites étendirent leur domination de la Méditerranée à l'Euphrate et du golfe Arabique au nord de la Syrie. Ils avaient pour tributaires : les Syriens, les Philistins, les Amalécites, les Iduméens, les Madianites, les Moabites et les Ammonites.

Mais, vers la fin de Salomon, la plupart des peuples tributaires reprirent leur indépendance, et le royaume des Israélites rentra peu à peu dans ses anciennes limites.

21. Schisme. **Division en royaumes d'Israël et de Juda.** Après la mort de Salomon, dix tribus s'étant révoltées contre son fils Roboam, elles se soumirent à Jéroboam et formèrent, au nord, le *royaume d'Israël*, qui eut successivement pour capitale Sichem, Therza et Samarie. — Les tribus de Juda et de Benjamin restèrent seules fidèles à la race de David, et formèrent, au sud, le *royaume de Juda*, qui conserva Jérusalem pour capitale.

Le royaume d'Israël fut détruit, l'an 718 avant Jésus-Christ, par Salmanasar, roi d'Assyrie.

Le royaume de Juda fut détruit, l'an 608 avant J.-C., par Nabuchodonosor, qui emmena les Juifs captifs à Babylone.

§ III. *Provinces et Villes*

22. **Division en quatre provinces.** Au retour de la cap-

---

1 Il y eut treize parts, parce que la moitié de la tribu de Manassé était à l'est du Jourdain, et l'autre moitié à l'ouest. En outre, une partie de la tribu de Juda fut transportée plus tard au nord de la mer de Galilée.

tivité, la Palestine forma quatre provinces qui existaient encore du temps de Notre-Seigneur.

A l'ouest du Jourdain se trouvaient la *Galilée*, située au nord ; la *Samarie*, au milieu, et la *Judée*, au midi.

A l'est du Jourdain était la *Pérée*, qui comprenait plusieurs subdivisions : l'Evangile parle de l'Iturée et de la Trachonite, situées au nord.

23. La Galilée. La Galilée comprenait le territoire de quatre des anciennes tribus : Aser, Nephthali, Zabulon, Issachar. La partie nord était appelée la *Galilée des gentils*, à cause du grand nombre de païens qu'elle renfermait.

24. Villes de la Galilée. *Dan*, où Jéroboam fit placer un veau d'or que les Juifs adorèrent. — *Capharnaüm*, au nord-ouest de la mer de Tibériade, où Jésus-Christ guérit la belle-mère de saint Pierre, un paralytique, le fils du centenier, et ressuscita la fille de Jaïre. — *Cana*, où Jésus-Christ fit son premier miracle. — *Nazareth*, patrie de la très sainte Vierge, et séjour de J.-C. depuis son retour d'Egypte jusqu'à son baptême. — *Naïm*, où Jésus-Christ ressuscita le fils d'une veuve.

25. La Samarie. La Samarie comprenait à peu près la demi-tribu occidentale de Manassé et la tribu d'Ephraïm.

26. Villes de la Samarie. *Samarie*, autrefois capitale du royaume d'Israël, était bâtie sur une montagne entourée d'une vallée profonde. Elle fut détruite par Salmanasar et rebâtie par Hérode le Grand, qui lui donna le nom de Sébaste. — *Sichem* existait dès le temps d'Abraham et devint la capitale du royaume d'Israël. C'est près de Sichem qu'était le puits de Jacob, où Jésus-Christ convertit la Samaritaine. — *Silo*, où Josué fit le partage de la terre promise, fut la première capitale des Hébreux. L'arche et le tabernacle y furent longtemps conservés. — *Ennon*, sur les rives du Jourdain, où saint Jean baptisait. — *Césarée*, bâtie par Hérode, sur les bords de la Méditerranée : saint Paul y fut retenu prisonnier pendant deux ans, et Corneille le centenier y reçut le baptême des mains de saint Pierre.

27. La Judée. Sous le nom de Judée, on comprend quelquefois toute la Palestine ; mais la Judée proprement dite renfermait les tribus de Juda, de Benjamin, de Dan et de Siméon.

28. Villes de la Judée. *Jérusalem* fut d'abord appelée Salem, où habitait Melchisédech, prêtre du Très-Haut. Sous les Jébuséens, elle prit le nom de Jébus, et fut comprise dans le territoire que Josué donna aux enfants de Benjamin ; mais elle ne fut soumise que par David, qui en fit sa capitale et l'embellit considérablement. Salomon, son fils, y fit construire, en l'honneur du vrai Dieu, un temple qui passait pour l'une des merveilles du monde. Après la mort de Salomon, Jérusalem fut la capitale du royaume de Juda. Sous le règne de Sédécias, elle fut prise et ruinée par Nabuchodonosor, et le temple livré aux flammes. Elle fut rétablie après la captivité, et recouvra presque sa splendeur première. Enfin, l'an 70 après Jésus-Christ, elle fut de nouveau détruite par les Romains, après un siége d'un an, où périrent onze cent mille personnes. — *Béthanie*, près de Jérusalem, où Jésus-Christ ressuscita Lazare. — *Bethléhem*, ou Ephrata, célèbre par la naissance de Jésus-Christ. — *Hébron*, où l'on montre encore les tombeaux d'Abraham et de Sara. Patrie de saint Jean-Baptiste. — *Galgala*, où les Israélites s'arrêtèrent après avoir traversé le Jourdain, et construisirent un monument composé de douze pierres tirées du fond du fleuve. Ce fut à Galgala que Samuel réunit le peuple pour confirmer la royauté à Saül. Élie sortait de Galgala, quand il fut enlevé au ciel. — *Jéricho*, appelée la *ville des Palmes*, fut la première ville attaquée par Josué. Elisée y assainit les eaux d'un ruisseau, et nous lisons dans l'Évangile la guérison de l'aveugle de Jéricho. — *Béthel*, dont le nom signifie *maison de Dieu*, fut ainsi nommée par Jacob, après la célèbre vision de l'échelle mystérieuse. Jéroboam y fit dresser un veau d'or. — *Emmaüs*, où Jésus-Christ apparut à deux de ses disciples après sa résurrection. — *Joppé* ou Jaffa, où Jonas s'embarqua pour fuir à Tharsis. Saint Pierre y ressuscita une femme nommée Thabite.

29. **La Pérée.** La Pérée comprenait toute la partie de la Palestine située à l'est du Jourdain, c'est-à-dire les tribus de Ruben, de Gad et de Manassé orientale.

30. **Villes de la Pérée.** *Corozaïn*, près le lac de Tibériade, est connue par les reproches et les malédictions qu'elle s'attira pour avoir dédaigné la prédication de J.-C. — *Gadara*, fondée, dit-on, par Sémiramis, et qui devint sous les Romains la métropole de la Pérée. — *Pella*, où les premiers chrétiens se retirèrent après avoir quitté Jérusalem, que venait investir l'armée de Titus. — *Phanuel*, où Jacob lutta avec un ange, — *Béthanie*, sur la rive gauche du Jourdain, où saint Jean baptisait.

31. **La Décapole.** On appelle Décapole une confédération composée de dix villes situées dans la Pérée. On cite *Philadelphie, Gadara, Gérasa, Canatha* et *Bethsan* ou Scythopolis.

32. **La Phénicie.** La Phénicie, ou pays des Phéniciens, se rattache à la Galilée, dont elle forme la partie maritime. — On y remarque les ports de *Saint-Jean-d'Acre*, ou Ptolémaïs, qui a joué un grand rôle dans l'histoire des Croisades; — *Sour*, autrefois *Tyr*, et *Saïda*, autrefois *Sidon*, qui furent célèbres par leur commerce et leurs richesses.

33. **Le Pays des Philistins** forme la zone maritime de la Judée. On y remarque : *Azoth*, où fut transporté le diacre Philippe; — *Ascalon*, célèbre au temps des croisades; — et *Gaza*, dont Samson enleva les portes sur ses épaules.

12394. — Tours, impr. Mame.

9 782329 300696